J'♥ les sushis

AYUMI KOMURA

1

TCHAC
CRR CRR CRR
ET VOILÀ !
SSH

J'♥ les sushis
menu.1

OUAH ! C'EST QUOI ?
UN IKIZUKURI* DE CHIN-CHARD ?!
* SASHIMIS DÉCOUPÉS SUR UN POISSON VIVANT.
TU ES HYPER FORTE, ASHITABA !
TCHAC
BAH, CE N'EST PAS SI COMPLI...

* SORTE DE PANCAKE FOURRÉ À L'*ANKO* (PÂTE DE HARICOT ROUGE SUCRÉE).

HANAYU ASHITABA, QUINZE ANS.
ÉLÈVE DE SECONDE AU LYCÉE PROFES-SIONNEL OIKAWA, OPTION CUISINE.
FRRR FRRR
DÈS QUE JE VOIS DU POISSON, JE M'EMBALLE ...
TRÈS IMPRES-SIONNANT, ASHITABA !
QU'EST-CE QUE TU ME VEUX ...
HYÛGA ?!
Tu te fiches de moi ?
JE SUIS SÉRIEUX. TU AS LE COUP DE MAIN AVEC LES POISSONS

POURTANT, TES PARENTS SONT PÂTISSIERS, NON ?
JE TROUVE EXTRA QU'UNE FILLE DE PÂTISSIERS SOIT AUSSI DOUÉE POUR LEVER DES FILETS !
OUI, ET ALORS ?
ATTENDS, LAISSE-MOI DEVINER ...
TU AIMERAIS QUE JE RÉPONDE : "JE TROUVE GÉNIAL QU'UN FILS DE MAÎTRE SUSHI SOIT AUSSI DOUÉ POUR FAIRE DES GANACHES" ?
OUPS ...
Grillé ...
D a a h
C'est pas un dorayaki ça !

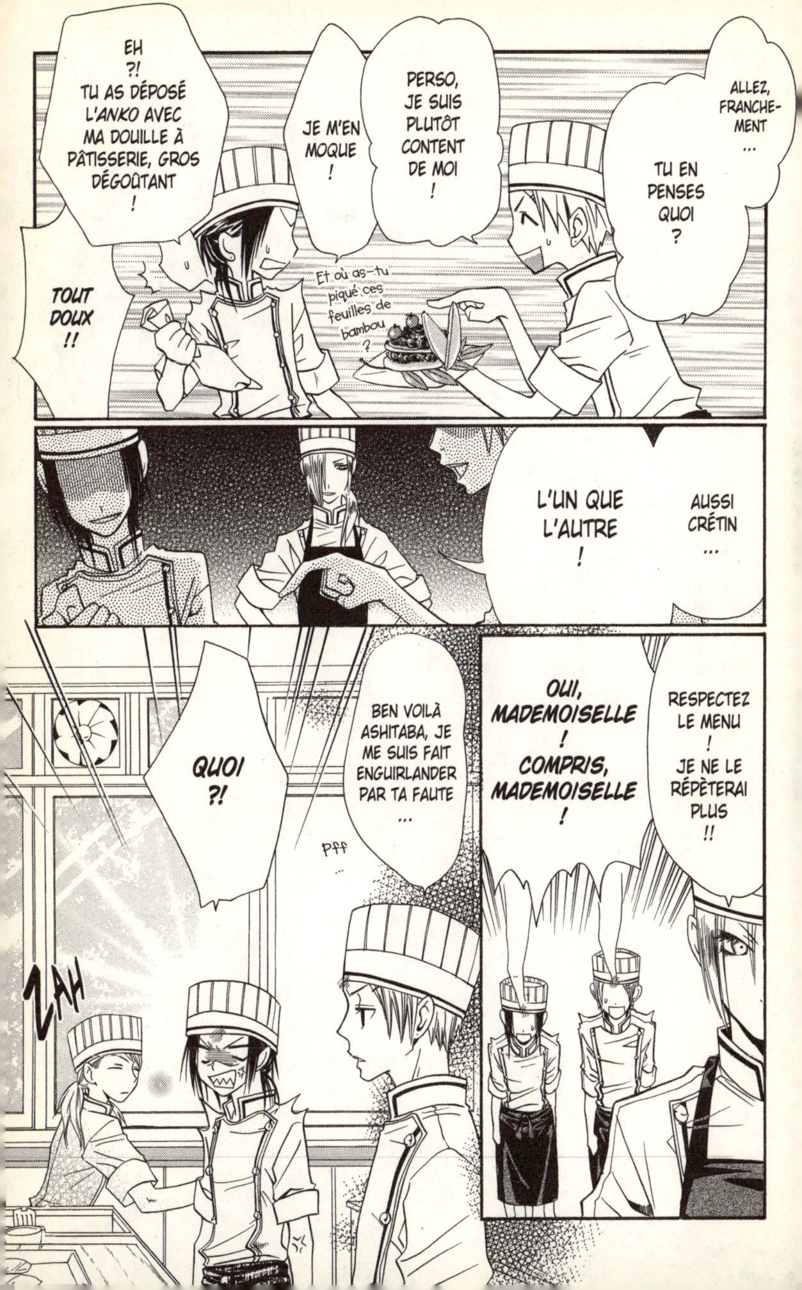
ALLEZ, FRANCHEMENT ...
TU EN PENSES QUOI ?
PERSO, JE SUIS PLUTÔT CONTENT DE MOI !
JE M'EN MOQUE !
EH ?! TU AS DÉPOSÉ L'ANKO AVEC MA DOUILLE À PÂTISSERIE, GROS DÉGOÛTANT !
Et où as-tu piqué ces feuilles de bambou ?
TOUT DOUX !!
AUSSI CRÉTIN ...
L'UN QUE L'AUTRE !
RESPECTEZ LE MENU ! JE NE LE RÉPÈTERAI PLUS !!
OUI, MADEMOISELLE ! COMPRIS, MADEMOISELLE !
BEN VOILÀ ASHITABA, JE ME SUIS FAIT ENGUIRLANDER PAR TA FAUTE ...
Pff ...
QUOI ?!
ZAH

HANA !
Dis... disparue ?!
GYA-AAH !
BLAAAM
MAIS ... QU'EST-CE QUI T'A PRIS ICHII ?!
Bobo au dos ...
C'EST MOI QUI DEVRAIS TE POSER LA QUESTION ! À QUOI TU JOUES ?!
Reste planquée !
HANAYU ...
TU VEUX SORTIR AVEC HYÛGA, OUI OU NON ?
EUH ...

MAIS NON, PAS DU TOUT !
JE NE VEUX PAS SORTIR AVEC LUI ...
DSS
DSS
JE VEUX JUSTE L'ÉPOUSER !
ÇA REVIENT AU MÊME !!
NON ! ÇA N'A RIEN À VOIR !
TOUT CE QUI M'INTÉRESSE, C'EST D'INTÉGRER UNE FAMILLE DE MAÎTRES SUSHI !
TRIPLE BUSE !
AAAH !
BLAM !
JE NE TE COMPRENDS PAS ...

* ENVIRON 1,90 EUROS. ** ENVIRON 25,60 EUROS.

T'EN AS DE LA CHANCE, HANA !
J'AIMERAIS BIEN QUE MON PAPA SOIT PÂTISSIER !
J'ÉTAIS TRÈS FIÈRE DE NOTRE BOUTIQUE ...
MON PÈRE CRÉAIT TOUT LE TEMPS ...
DE SUPERBES GÂTEAUX !
MAIS UN JOUR ...
J'ai fini les préparatifs pour demain
CE SOIR, TA MÈRE EST DE SORTIE
NOUS DÎNONS EN TÊTE-À-TÊTE !

QUE DIRAIS-TU DE DÉGUSTER QUELQUES SUSHIS, POUR UNE FOIS ?
DES SUSHIS ?
Mh ?
AH OUI, C'EST VRAI ... TA MÈRE DÉTESTE TELLE-MENT LE POISSON QUE TU N'EN AS JAMAIS MANGÉ
TU VERRAS, C'EST DÉLICIEUX !
MEILLEUR QUE TES GÂTEAUX ?
Hop hop hop
IMPOSSIBLE VOYONS. IL N'EXISTE RIEN DE MEILLEUR AU MONDE !
MOI AUSSI, JE CROYAIS QUE ...
KRAAN...
RIEN NE POUVAIT SURPASSER LES GÂTEAUX DE MON PÈRE.

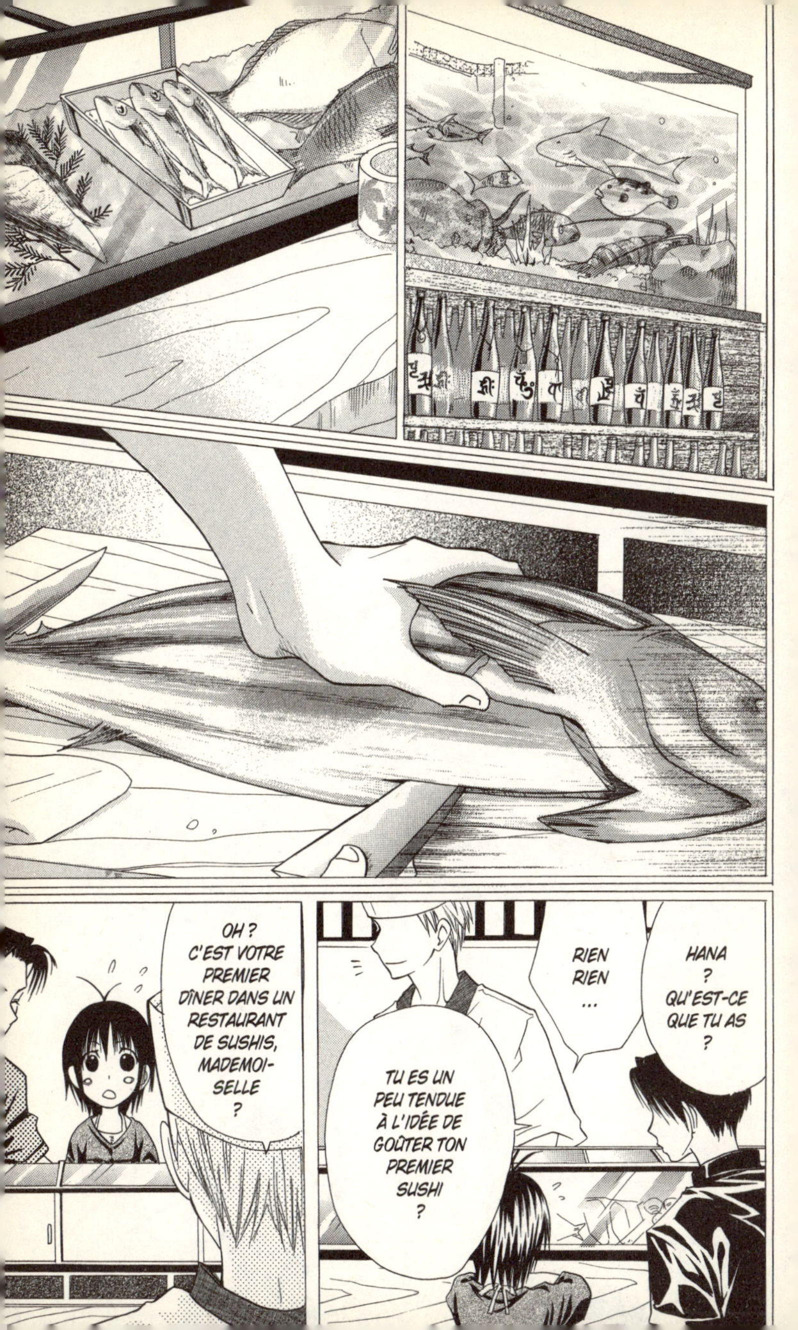
HANA ? QU'EST-CE QUE TU AS ?
RIEN RIEN ...
OH ? C'EST VOTRE PREMIER DÎNER DANS UN RESTAURANT DE SUSHIS, MADEMOI-SELLE ?
TU ES UN PEU TENDUE À L'IDÉE DE GOÛTER TON PREMIER SUSHI ?

DANS CE CAS ... TENEZ !
SAH
OH ... MERCI
UN PAON EN RADIS BLANC ? IL EST SUPERBE !
ALLONS ... CE N'EST QU'UNE BABIOLE ...
SI QUELQU'UN M'AVAIT DIT DANS QUOI J'ALLAIS M'EMBARQUER, J'Y AURAIS PEUT-ÊTRE RÉFLÉCHI À DEUX FOIS ...

J'♡ les mini-sushis

Le père et la fille vont au restaurant de sushis habillés en noir.

Comme ça, personne ne remarque les éclaboussures de sauce soja !

Un père doit manger proprement, non ?

Ah bon ?

CE JOUR-LÀ, J'AI DÉCIDÉ QUE JE DEVIENDRAI MAÎTRE SUSHI !
TU NE PEUX PAS TOUT EXPLIQUER À TES PARENTS ?
BIEN SÛR QUE NON ! SINON, JE N'AURAIS PAS IMAGINÉ CE STRATAGÈME
Ils ont failli m'envoyer dans une école spécialisée en pâtisserie !
JE DOIS FAIRE UN MARIAGE UTILE !
EN ARRIVANT AU LYCÉE, J'AI RENCONTRÉ ...

* RESTAURANT DE SUSHIS. ** HYÛGA. *** SUSHIS HYÛGA.

IL NE ME RESTE PLUS ...
QU'À LE FAIRE TOMBER AMOUREUX DE MOI !
JE VOUS PRIE DE BIEN VOULOIR M'ACCORDER LA MAIN DE VOTRE FILLE
Je me vois mal refuser ...
OH NOOOON
ET LÀ ... BINGO !!
EH OH ?
VOUS TIREZ AU FLANC OU QUOI ?
ZOUP
OUAH ! Quand on parle du loup !
VOUS ME FILEZ UN COUP DE MAIN ? IL FAUT DRESSER LES ASSIETTES

GRAAAH !
Y A PAS URGENCE ! ARRÊTE D'ÊTRE LOURD ...
ET DE DONNER DES ORDRES !!
HEIN ?! QUOI ?! QUI DONNE DES ORDRES ?!
LAISSEZ TOMBER. DE TOUTE FAÇON, QUESTION PRÉSENTATION, J'AI BIEN MEILLEUR GOÛT
OCCUPEZ-VOUS PLUTÔT DE LA VAISSELLE
Tu en fais tomber partout, regarde !!
Gros frimeur !
Heh ...
ENCORE VOUUUS ?!
PLIC PLOC
HAHAHAHA
La prof me file les jetons !
...
HANA ...
GLOUPS

TU AS VU TON COMPORTEMENT AVEC HYÛGA ? JE TE RAPPELLE QUE TU COMPTES LUI PASSER LA BAGUE AU DOIGT !
Tu veux une autre prise, pour te remettre les idées en place ?
IL M'ÉNERVE !
IL LUI A SUFFI DE NAÎTRE DANS LA BONNE FAMILLE ...
POUR OBTENIR CE DONT JE RÊVE DEPUIS TOUTE PETITE
JE SUIS VERTE !
GGHHH
FURAAAX !
ET SUPER JALOUSE !
ET MÉGA CRÉTINE !!
TU AS INTÉRÊT À JOUER LES SÉDUCTRICES ...
SI TU ESPÈRES SÉRIEUSEMENT UNE DEMANDE EN MARIAGE

MAIS ... JE N'ARRÊTE PAS DE LUI FAIRE DU CHARME !
EH ?!
PARDON ?! DE QUOI TU PARLES ?!
PAR EXEMPLE ☆ EN PRÉPARANT UN *IKIZUKURI* ...
JE LUI PROUVE QUE JE SERAIS GÉNIALE COMME ADJOINTE AU RESTAURANT
TU VOIS ?
TU N'AS PAS L'IMPRESSION ...
DE TE TROMPER DE MÉTHODE ?
MH ?

"ME TROMPER DE MÉTHODE" ?
PETITE INSOLENTE !
O.K., J'AI FINI
J'Y ARRIVERAI, COÛTE QUE ...
DAH

GGH ...
PITIÉ ... ARRÊTE DE ME DÉVISAGER AVEC CETTE DRÔLE DE TÊTE !
Ha Ha Ha Ha
Ouille
Ha
C'ÉTAIT MON EXPRESSION SUPER SÉRIEUSE !!
EH !
PFIOU, J'AI FAILLI AVOIR UNE ATTAQUE !
OH, ÇA VA !!
Du calme mon petit cœur ...
OUI, JE L'AURAI ...
COÛTE QUE COÛTE !
J'ESPÈRE ?!

À MOINS QUE ... ET SI ICHII AVAIT RAISON ?
2de 4
LE COURS EST FINI POUR AUJOUR-D'HUI
SÉCURITÉ
DIIING DOOOONG
AH OUI ...
UN DERNIER MOT AVANT DE VOUS RELÂCHER
VOUS ALLEZ BIENTÔT PASSER UN TEST
HEIN ?!
UN TEST ?!

TAC
OUI, LE PREMIER VOLET DU CERTIFICAT EN SÉCURITÉ ALIMENTAIRE
D'ICI LA FIN DE VOS ÉTUDES, VOUS DEVREZ AVOIR VALIDÉ CHACUN DES QUATRE VOLETS ...
SINON ... VOUS N'AUREZ PAS VOTRE CERTIFICAT, TOUT BÊTEMENT
NOOON ! LA GALÈRE !!
EH BIEN, TU T'EXCITES POUR PAS GRAND-CHOSE
Comment tu t'appelles, déjà ?
TING
JE CROYAIS QU'IL SUFFISAIT DE TERMINER LE CURSUS POUR L'OBTENIR ?
J'AI DÛ RATER QUELQUE CHOSE ...
* LES GRADES ÉVOLUENT DE QUATRE À UN.
NOUS NE SOMMES ICI QUE DEPUIS UN MOIS
NE VOUS INQUIÉTEZ PAS, LE QUATRIÈME GRADE* EST D'UNE SIMPLICITÉ ENFANTINE. MÊME LES LYCÉENS NORMAUX PEUVENT Y ARRIVER
IL Y A UNE PARTIE ÉCRITE ET UNE PARTIE PRATIQUE. CELLE-CI CONSISTE ...
À DÉCOUPER QUARANTE TRANCHES DE CONCOMBRE DE MOINS DE DEUX MILLIMÈTRES D'ÉPAISSEUR, EN TRENTE SECONDES
Hm... C'est jouable...

MAIS BON ... QUARANTE, CE N'EST PAS RIGOLO
MOI, JE VOUS EN DEMANDE QUATRE-VINGTS !
POC
LE DOUBLE ?!
DOOH
CEUX QUI RATERONT ...
SERONT EXTERMINÉS !
J'AI ... J'AI PEUR ...
ELLE VEUT SE DÉBARRASSER DE NOUS ?!
Ça la fait marrer ?!
Pff ff ff ff ff
HANA, TU LE SENS BIEN ?
BLA BLA
AUCUNE IDÉE, JE N'AI JAMAIS ESSAYÉ DE TRANCHER DU CONCOMBRE
HYÛGA MANIE TRÈS BIEN LE COUTEAU.
IL DEVRAIT PASSER SANS PROBLÈME ...

JE LUI METTRAI SA PILÉE !!
GOH
ARRÊTE !
TU DOIS LE SÉDUIRE ! LE SÉ-DUI-RE !!
PFF ... ON EST BIEN EMBÊTÉES
KYAH
KYAH
HYÛGA, TOI QUI ES DOUÉ, TU POURRAIS NOUS DONNER UNE LEÇON DE DÉCOUPE, S'IL TE PLAÎT ?
PARDON ?!
QUOI ?!
Il a la cote ?!
TIENS ? LES AUTRES FILLES LUI FONT LES YEUX DOUX
SÉRIEUX ?!

AAH !
MAIS ALORS ... ELLES VEULENT TOUTES DEVENIR MAÎTRES SUSHI !
Monomaniaque ...
N'IMPORTE QUOI, MA PAUVRE ...
BEN QUOI ?!
À TON AVIS ? REGARDE DE PLUS PRÈS !
LES FILLES ADORENT LES GARÇONS ...
QUI SAVENT CUISINER DE JOLIS DESSERTS !
La dernière fois, j'ai préparé un bavarois ☆
RAAH ...
ELLES M'AGACENT À ÊTRE AUSSI FRIVOLES !!
TA MOTIVATION N'EST PAS VRAIMENT PLUS NOBLE
Comme calculatrice, tu te poses là
DE TOUTE FAÇON, IL REFUSE
À s'en faire un torticolis
NIET
VLAF VLAF VLAF VLAF
HMM ...

UNE MINUTE …
SI HYÛGA A DU SUCCÈS AUPRÈS DES FILLES …
MH ?
J'AI CARRÉMENT INTÉRÊT À ME DÉPÊCHER !
LE PLUS SIMPLE, C'EST DE LUI EN METTRE PLEIN LA VUE PENDANT L'EXAMEN !
TU ES MERVEIL-LEUSE, ASHITABA !
DAAAH
ÉPOUSE-MOI ET À NOUS DEUX, NOUS BOULEVER-SERONS L'UNIVERS DU SUSHI !
?
DIABOLIQUE !!
YES !

BON, C'EST DÉCIDÉ. JE N'AI PAS LE CHOIX !
S'IL TE PLAÎT, HYÛGA...
NON C'EST NON !
UNE PETITE LEÇON, ÇA SERAIT SYMPA...
MH ?
MOI AUSSI, J'AURAIS BESOIN D'UN COUP DE MAIN
JE DOIS SAUTER SUR L'OCCASION !
ASHITABA ?

TU RIGOLES ? ALORS QUE TU SAIS PRÉPARER UN IKIZUKURI ?!
MMMH...
BAH, JE DÉBUTE À PEINE ... JE N'AI PAS TON NIVEAU
Arrête, tu vas me faire rougir
ALLEZ HYÛGA !
MÊME ASHITABA A BESOIN DE TOI !
OUI !
EH ...
...

SPLASH
D'ACCORD
FISH ON
(HAMEÇONNÉ !!)
TING
Ferré
JE VAIS DEMANDER SI ON PEUT UTILISER LA SALLE DE T.P., APRÈS LES COURS ...
Je t'ac-compagne
TING !
GOOD JOB ASHITABA !
TROP FACILE ! ☆
PAUVRE NAÏF, TU AS FONCÉ DROIT DANS MON PIÈGE !

TU VAS TOMBER SOUS LE CHARME ...
DE MA LAME VIREVOLTANTE !
ARRÊTE DE ME DÉVISAGER AVEC CETTE DRÔLE DE TÊTE !
J'AI L'AIR SÉRIEUSE, C'EST TOUT !!

Coin apéro - J'♡s - 1

menu.2

MENU 1

J'ai eu du mal ! Mais vraiment !! Le premier chapitre me demande toujours d'énormes efforts. Par contre, j'ai adoré coloriser le poisson sur l'illustration (parue dans le magazine de prépublication). C'est la première fois que je dessinais sur une double page. On a aussi offert un tablier et une manique aux lecteurs♡

J'aime beaucoup dessiner le professeur et M. Ashitaba.

MENU 2

Il ne faut surtout pas sous-estimer la découpe de concombre ! Le concombre est traître avec sa forme cylindrique. Je ne m'y étais plus attaquée depuis que je dessine sérieusement et j'ai eu énormément de mal à débiter quatre-vingts rondelles en trente secondes. Quand j'étais lycéenne, j'ai fait beaucoup mieux... Je le jure !

OOH...
TU ES MERVEILLEUSE ASHITABA ! TA LAME... VIREVOLTE !
NON, TU EXAGÈRES...
JE TE JURE !
COMPARÉ À TOI, JE SUIS UN BON À RIEN !
UNE FOLLE PENSÉE...
M'ENVAHIT SOUDAIN L'ESPRIT

ACCEPTERAIS-TU D'OUBLIER LA PÂTISSERIE ...
POUR DEVENIR MA FEMME ?
BI...
BINGO !!
SPAF
?!
MAÎTRE SUSHI !

PAS DE DOUTE LES AMIS, MON PLAN EST BIEN PARTI. D'UN COUP DE COUTEAU NET ...
ZOUP ZOUP ZOUP
JE FERAI SA CONQUÊTE !
HO ho ho ho ho
MUH HU ... TROP FACILE ...
SSH
DEBOUT LÀ-DEDANS !!
BLAM
PAS DANS LE VENTRE !!
ALORS, CE RÉVEIL ?
T'ES MALADE, ICHII ?!
EURGH
Tu as volé sur trois mètres
KOF
J'ai failli partir pour mon dernier voyage !
TU PROGRESSES SUPER VITE EN COMBAT, NON ?
Un peu trop, à mon goût ...

JE VEUX TERMINER MON RÊVE !!
Eh ?!
FRR FRR FRRR
JE DEVINE DÉJÀ À QUOI TU PENSAIS ...
DÉSOLÉE, MAIS LA LEÇON DE COUTEAU VA DÉBUTER
En avant !
SALLE DE CUISINE 1
TU ES EN RETARD, ASHITABA
LES AUTRES SONT ARRIVÉES DEPUIS LONGTEMPS
Concombres de la ferme
Aoyagi
PARDON, PARDON !
LEÇON DE COUTEAU AVEC HYÛGA
C'est quoi ce truc ?
HOP
HOP
Mh ? Tu rajustes ta cravate ?
GN-N
PUISQUE NOUS SOMMES CINQ, PRENONS DEUX PLANS DE TRAVAIL
PFF ... HYÛGA FAIT SON INTÉRES-SANT.

IL NE SE DOUTE PAS ENCORE QU'IL VA SUCCOMBER D'EXTASE DEVANT MA VIRTUOSITÉ !
CLING
TU NE PERDS RIEN POUR ATTENDRE !
BRRR
BIEN ...
QUI COMMENCE ?
MOI ! MOI, MOI ! JE VEUX ESSAYER, POUR VOIR
MH ? O.K. !
Hop là
Concombres de la ferme
Aoyagi
DANS TRENTE SECONDES, MON RÊVE SERA DEVENU RÉALITÉ !
Quatre-vingts tranches au minimum
DAH

TOC
CROU
SSSH
SSH
POC
TCHOC
BLUP
GROC
TAC
TOP CHRONO !
← Elles ont roulé (trop épaisses)
Elles tiennent debout (trop épaisses)
BEEEUH !

JE SUIS UNE GROSSE TANCHE !
ADIEU MES DOUX ESPOIRS ...
JE M'ATTENDAIS À MIEUX ...
POURTANT ELLE DÉCOUPE SUPER BIEN LE POISSON
Pss ...
Pss ...
NON ?
ELLES ONT PITIÉ DE MOI ?!
TU SAIS, LES BASES SONT PARFOIS PLUS COMPLIQUÉES QU'IL N'Y PARAÎT
IL ESSAIE DE ME REMONTER LE MORAL ?!
Il regarde ailleurs
Le cauchemar ...
EN FAIT, JE N'AI JAMAIS RIEN TRAVAILLÉ D'AUTRE QUE DU POISSON ...
HY... HYÛGA ? TU FAIS UNE DÉMO ?
MOI ?

TCHAC
TCHAC
Alignement parfait
ET VOILÀ !
OOOOH !
GRR !
Héroïne
IL EST PARFAIT OU QUOI ?!
ÇA ME REND FOLLE !
COMMENT TU TROUVES MA DÉCOUPE, ASHITABA ?
OUAAAH, C'EST GÉNIAAAL
Il veut enfoncer le clou, là ?

Eh
OH NON !
EST-CE QUE CELA SIGNIFIE QUE SI JE N'ARRIVE PAS À FAIRE MIEUX QUE ÇA ...
IL NE TOMBERA PAS AMOUREUX DE MOI ?!
OBSTACLE GIGANTESQUE
J'AI CARRÉMENT L'IMPRESSION ...
QUE C'EST IMPOSSIBLE.
Ghh
ON A EU RAISON DE LUI DEMANDER
OUI. AVEC UN BON EXEMPLE, C'EST PLUS FACILE DE PROGRESSER
RAAH ... C'EST MOI QUI DEVAIS SERVIR D'EXEMPLE !
VOILÀ ...

C'EST TOUT CE QUE JE PEUX FAIRE POUR VOUS !
POUR LE RESTE, VOUS DEVEZ SIMPLEMENT PRATIQUER. BON COURAGE !
SAH
TU TE MOQUES DE QUI ?! TU N'AS PRESQUE RIEN FICHU ! ON VEUT UNE VRAIE LEÇON, NOUS !!
MAIS JE NE SUIS PAS PRO-FESSEUR, MOI ! J'EN SAIS PAS PLUS QUE ÇA ...
ET TU OSES TE PRÉTENDRE FILS DE MAÎTRE SUSHI ?!
ÇA N'A RIEN À VOIR !
GOOOOH
D'ACCORD D'ACCORD, J'AI UN SUPER CONSEIL !
HEIN ?!

UTILISEZ LA FORCE !

NON MAIS T'AS PAS HONTE ?!
BLAM
NAAN !!

ALLEZ ... ON VA S'ENTRAÎNER !
OUI !
ZUT !
JE NE DOIS PAS PERDRE DU TERRAIN DEVANT MES RIVALES !
PAS QUESTION DE LAISSER FILER CETTE OCCASE EN OR !
BON BEN ... NOUS AUSSI, ON VA S'EN-TRAÎNER ICHII !
Super ...
JE VAIS TRAVAILLER DUR ET ...
Zut !
BOUH
LE RENDRE DINGUE DE MOI !

BOM
TOC
DOM
TAC
PAC
TAC
DOG
BOF
CLAC
SSH
JE ME DISAIS BIEN QUE J'ENTENDAIS DES BRUITS BIZARRES
C'ÉTAIT DONC VOUS
OH ... PROFESSEUR MATSUZAKA ?
FAITES ATTENTION À NE PAS VOUS COUPER !
QUELLE SOLLICITUDE. JE LA TROU-VAIS SÉVÈRE ...
MAIS ELLE EST PLUTÔT GENTILLE, EN FAIT.
LES ALIMENTS SOUILLÉS PAR DU SANG PEUVENT ÊTRE RESPONSABLES D'INTOXICATIONS ALIMENTAIRES
AH ... OUI ...
Ça m' étonnait aussi ...

ZLAM
BOM
TOC
CLAC
TOC
TOM
GRIC
GRIC
ZLAM
Elle a cassé mon rythme ...
C'EST QUOI CETTE HISTOIRE DE "BRUITS BIZARRES" ?
Eh, c'est vrai ! Ils sont bizarres !
HYÛGA FAISAIT UN JOLI SON, LUI ...
PSST ! ASHITABA
MH ?
TU AS VU LES DÉCO ?!

SI TU NE SAIS PAS QUOI FAIRE, VA ENQUIQUINER LES AUTRES !
CROC CROC
ELLE SAIT SE FAIRE APPRÉCIER ...
HEUM
Ah, elle a tout croqué !
IIIH !
ZOOH
DIRE QU'ELLE PRÉTEND VOULOIR L'ÉPOUSER ...
Trop drôle
IL EST SUPER BALÈZE !
En plus, il frime !
COMMENT VOULEZ-VOUS QUE JE GARDE MON CALME, MOI ?!
TCHAC TCHAC TCHAC TCHAC TCHAC

MH ?
TIENS ?
OH, IL Y A DU PROGRÈS, NON ?
LEÇON DE COUTEA
AVEC HYÛGA
OUI ...
J'AI L'IMPRESSION D'AVOIR SAISI UN TRUC
ENCORE HEUREUX, TU AS DÉCOUPÉ TROIS FOIS PLUS DE CONCOMBRE QUE LES AUTRES
Montagne
HA HA HA
Hanayu
Ichii
POURTANT, J'AI L'IMPRESSION ...
QUE JE NE FAIS PAS LE MÊME MOUVEMENT QUE HYÛGA
?
HUM

TCHAC...
AH...
J'AI COMPRIS !
CHACUN DÉVELOPPE ...
SA TECHNIQUE PERSONNELLE.
IL N'Y A QU'EN PRATIQUANT QU'ON TROUVE SON PROPRE COUP DE MAIN.
DÉSOLÉE, HYÛGA
EH ?

IL LE SAVAIT PERTINEMMENT !
TU ES PLUTÔT BON PROF
MEILLEUR QUE JE NE L'IMAGINAIS
TU AS DÛ FAIRE ÉNORMÉMENT D'EFFORTS...
POUR EN ARRIVER LÀ.

J'♡ les mini-sushis

Nous avons commandé des légumes à la ferme Aoyagi.

Même M. Fujii les a aimés !!

Hybrid Berry deux volumes en vente au Japon ☆

TU COMPTES CONTINUER LONGTEMPS ?
Les autres sont parties depuis un bail
IL RESTE DU TEMPS AVANT L'EXAMEN. PAS BESOIN DE T'ÉPUISER
CRR
CRR
CRR
HUM ... ENCORE UN PETIT PEU ...
TU PEUX RENTRER, TU SAIS
C'est sympa de me tenir compagnie
Ils doivent avoir besoin de toi au restaurant, non ?
TOC TOC
TOC TOC
UN BON PROF NE LAISSE JAMAIS TOMBER SES ÉLÈVES !
CRRR CRRR
HYÛGA ADORE SE FAIRE MOUSSER ...
Prof ♪

MOI AUSSI J'AIMERAIS BIEN QU'IL ME COMPLIMENTE ...
HOP HOP !
QU'EST-CE QUE TU FABRIQUES ?
PLAF
PLAF
UN MASQUE AU CONCOMBRE
JE N'AI PAS ENCORE LE NIVEAU ...
JE LE SAIS BIEN.
J'AI PROGRESSÉ, NON ?

...
ASHITABA ...
TU VEUX BIEN SORTIR AVEC MOI ?

HEIN ?!
MON ... RÊVE ...
DEVIENT RÉALITÉ ?!

Coin apéro - J'♡s - 2

* SOUPE ÉPAISSE BLANCHÂTRE À BASE DE PORC. ** SECONDE PORTION DE NOUILLES, SERVIE DANS LE MÊME BOL.

menu.3

MENU 3

Euh...
Je ne me souviens plus de ce que j'avais en tête lorsque je travaillais sur ce chapitre...
Déjà gâteuse ?!

Je suis traumatisée par le concombre cuit.
On a fait un *nabe* "à l'aveugle"* et j'ai mangé du concombre cuit. Beurk... C'était tout dur et tout dégoûtant !

* FONDUE JAPONAISE. DES INGRÉDIENTS VARIÉS SONT PLONGÉS DANS LE BOUILLON DU *NABE* (GRANDE MARMITE) PLACÉ SUR UN RÉCHAUD. LE *NABE* "À L'AVEUGLE" SE FAIT DANS LE NOIR.

TROP ...
GÉNIAL !!
OUAAAH !
MAIS POURQUOI SI SOUDAI-NEMENT ?
...
OUAIS ...

C'EST VRAIMENT ARCHI-SUSPECT !
QU'EST-CE QUE TU COMPLOTES ?
HEIN ?
TU TE FICHES DE MOI SANS ARRÊT ET LÀ, D'UN SEUL COUP, "PAN", TU ME DÉCLARES TA FLAMME ?!
VAS-Y, CRACHE LE MORCEAU !
EUH ...

...
JE LE SAVAIS !!
WOOOH
EN FAIT ...
JE PERDS MES MOYENS ...
À CHAQUE FOIS QUE TU ME REGARDES
SHH

MAIS JE TE JURE QUE ...
LAISSE ...
LAISSE-MOI RÉFLÉCHIR ...
S'IL ... TE PLAÎT
PFOU...
CLAC
IMPOSSIBLE !
JE NE PEUX PAS Y CROIRE !!
SÉRIEUX ... C'EST QUOI CE REBONDISSEMENT ?!
ET SURTOUT ... POURQUOI JE ME SENS SI MAL ?!
...

ALORS ? TOUJOURS PAS DÉCIDÉE ?
NON ...
POURQUOI HÉSITER ? VOILÀ UNE CHANCE EN OR DE DEVENIR MAÎTRE SUSHI
MIAM !
BLANG
IL Y A FORCÉMENT ANGUILLE SOUS ROCHE
IL A DU PERDRE UN PARI OU UN TRUC DU GENRE ...
PLUS PERSONNE NE FAIT CE GENRE DE PARI DÉBILE
SÉCURITÉ ALIMENTAIRE
Un gage ...
Eh !!
C'EST TOI LA DÉBILE !
Aaah, je meurs d'ennui
Plus d'énergie ...
T'es pas sympa Ichii !
Allez, fais-moi une prise, comme d'hab !
ASHITABA !

SALUT !
SATÔ ET KATÔ !
ALORS, HYÛGA T'A DÉCLARÉ SA FLAMME, APRÈS NOTRE DÉPART ?
?!
JE CROYAIS QU'ELLES S'INTÉRES-SAIENT À LUI ?
CE … C'ÉTAIT VRAIMENT UN GAGE ?!
HEIN ?
MAIS NON VOYONS !
IL SUFFIT DE LE REGARDER POUR COMPRENDRE QUE TU LUI PLAIS !
HÉ HÉ ♡
J'ÉTAIS SÛRE QU'IL PROFITERAIT DE CE PETIT TÊTE-À-TÊTE POUR SE LANCER ♡

EUH ... AH BON ?
CARRÉMENT !
IL A ACCEPTÉ DE NOUS AIDER DÈS QUE TU LUI AS DEMANDÉ
ENSUITE, IL NOUS A FAIT PATIENTER JUSQU'À CE QUE TU ARRIVES
FRR FRR
C'est mieux avec ou sans cravate ?
Concombres de la ferme Aoyagi
IL ÉTAIT HYPER NERVEUX !
TAC TAC
HA HA HA HA ! TROP CHOU
C'ÉTAIT RIGOLO CETTE LEÇON DE DÉCOUPE
TU LE REMERCIERAS DE NOTRE PART ♡
Faites-le vous-mêmes ...
TU VOIS, PAS LA PEINE DE TE PRESSER LE CITRON
Bon, on va en T.P. ? Sinon la prof va nous tuer

MAIS MOI ....
BLA
BLA
CRR
OIGNONS HACHÉS !
ENSUITE ?
MENU DU JOUR
Hamburger à la japonaise
Potage de potiron
Gelée au café

J'♡ les mini-sushis

Satô et Katô

En japonais, *satô* signifie sucre et *katô*, fructose.

Je n'ai pas décidé qui est qui...

ÇA VA, ASHITABA ?
TU T'ES COUPÉE ?
KYAAAH!
KYAAAH!
NON NON ... MAIS ...
J'AI TAPÉ VIOLEMMENT MON COUTEAU SUR LA PLANCHE À DÉCOUPER
Je ne l'ai pas abîmé, j'espère
MONTRE
PAS DE SOUCI ...
LE FIL DE LA LAME EST NICKEL !
Tiens
SÉRIEUX ?!

MMMMH
JE SUIS RASSURÉE !
IL N'Y A PAS DE QUOI AUTANT S'EXCITER
Aaah, fais gaffe !
EUH ...
TU RIGOLES ?!
HAAAA!!
C'EST MON PREMIER COUTEAU PERSONNEL !
J'AI MÊME FAIT GRAVER MON NOM !
LES ÉLÈVES DE L'OPTION CUISINE DOIVENT POSSÉDER LEURS PROPRES COUTEAUX
DAH

* HANAYU.

JE SAIS BIEN QUE TOI, TU EN AS UNE TRIPOTÉE ...
EN FAIT ... ILS SONT TOUS DE SECONDE MAIN
AH BON ?
Ah, une trace !
MOI, J'AI DEUX COUTEAUX EN TOUT ET POUR TOUT
ÉQUIPEMENT DE BASE
COUTEAU DE BOUCHER
PETIT COUTEAU
MAIS UN JOUR, J'AURAI UNE COLLECTION COMPLÈTE ...
ET JE SAURAI TOUS LES UTILISER !
COUTEAU DE CONGÉLATION
YANAGIBA(1)
MAGURO BÔCHÔ
COUTEAU DEBA
COUTEAU CHINOIS
SAI-GIRI
USUBA
COUTEAU À SAUMON
TAKOHIKI
COUTEAU À FROMAGE
SUSHIGIRI BÔCHÔ
SUNAGI SAKI DE TYPE TOKYO
SUJIHIKI
HONESUKI
SUNAGI SAKI DE TYPE KYÔTO
KAWAHAGI
SOBAKIRI
COUPERET
COUTEAU À BOYAU
SUNAGI SAKI DE TYPE OSAKA
ATAMA OTOSHI
COUTEAU À DÉCOUPER
TU RISQUES DE FINIR EN PRISON ...
Détention illégale d'armes ...
EH ! C'EST PAS MARRANT !!

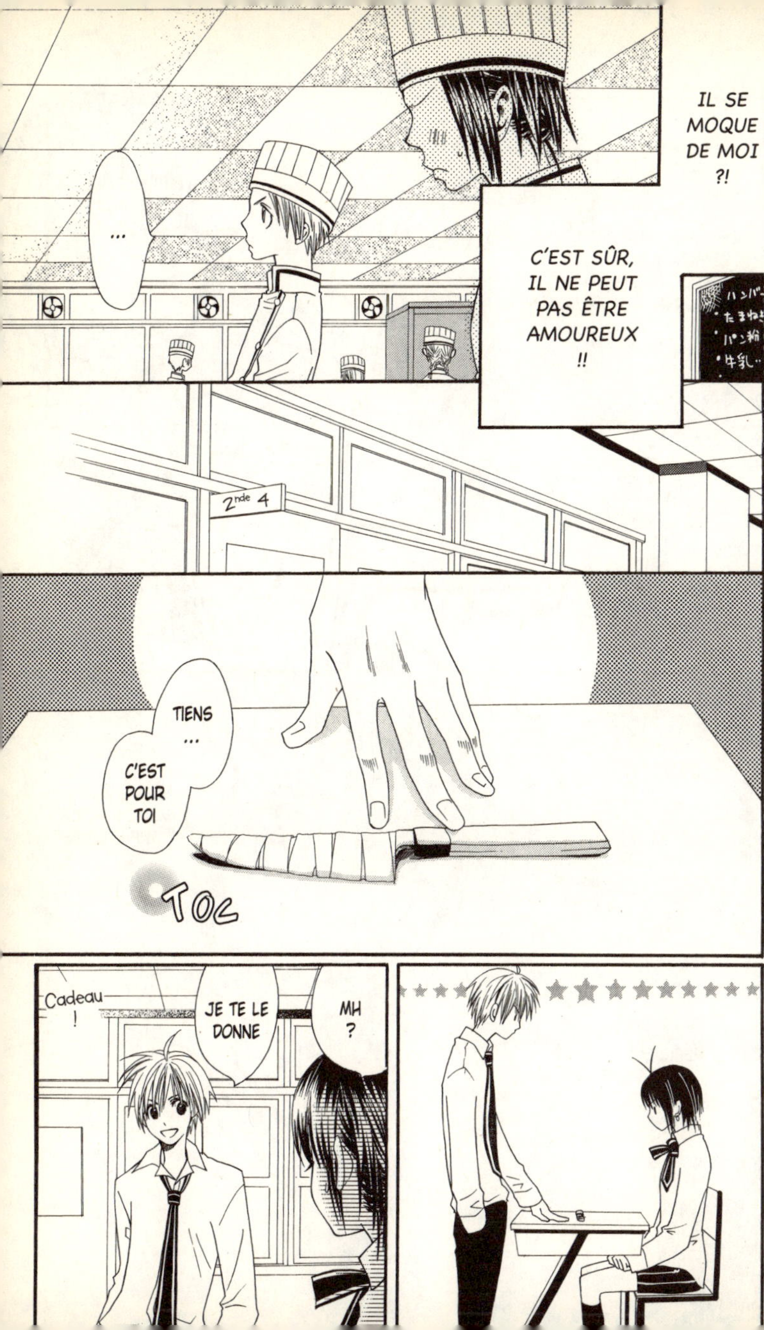
IL SE MOQUE DE MOI ?!
...
C'EST SÛR, IL NE PEUT PAS ÊTRE AMOUREUX !!
ハンバー
たまねぎ
パン粉
牛乳
2nde 4
TIENS ...
C'EST POUR TOI
TOC
MH ?
JE TE LE DONNE
Cadeau !

MH ? DRÔLE DE FORME ! C'EST NOUVEAU ?!
LA FORME EST ORIGINALE, MAIS IL S'AGIT D'UN COUTEAU À SASHIMI TOUT CE QU'IL Y A DE PLUS TRA-DITIONNEL
HEIN ?!
ILS RACCOUR-CISSENT À FORCE D'ÊTRE UTILISÉS
L'aiguisage, ça use
RÉSULTAT, MON PÈRE FINIT PAR ME LES DONNER

MAIS ... JE NE PEUX PAS ACCEPTER UNE CHOSE AUSSI PRÉCIEUSE !
Il déborde de vécu !
BAH, T'EN FAIS PAS. J'EN AI DES TONNES
Autant que ça
MAIS ...
À QUOI JOUE-T-IL ?
J'IMAGINE ...
QUE TU UTILISES TOUJOURS TON PROPRE COUTEAU, MÊME CHEZ TOI ?
MH ?
C'EST UN OUTIL PRÉCIEUX À TES YEUX
MAIS SI TU CONTINUES, LE JOLI COUTEAU CHARGÉ DE TON AMOUR ...
FINIRA GRAND COMME ÇA
Avant la fin de tes études ...

PAR CONTRE, TU POURRAS T'ENTRAÎNER SANS RETENUE, PAS BESOIN DE S'INQUIÉTER POUR CE VIEUX COUTEAU !
ALORS QU'IL NE S'AGIT QUE D'UN SIMPLE OUTIL ...
TU AS COMPRIS ...
QU'IL ÉTAIT SI IMPORTANT POUR MOI ?
Celui-ci a le nom de mon père gravé dessus
MERCI. JE VAIS ...
LE CONSERVER PRÉCIEUSEMENT
MAIS NON ! JE TE LE DONNE POUR QUE TU L'UTILISES !
Euh ...
Hein ?
FLAP
FLAP

ASHITABA
TCHAC
OUAH ! INCROYABLE CE TRANCHANT !
HANAYU ... TU T'ENTRAÎNES ENCORE ?
Je commence à saturer des concombres ...
FORCE-TOI !
IL SUFFIT DE FAIRE DE LA CONFITURE. TOUT LE STOCK Y PASSERA
POF
PAS BÊTE !
DE LA CONFITURE ...
...

DAH !
Pâtisserie ASHITABA
EUH ?
C'EST UN GÂTEAU DE CHEZ MOI
EN REMERCIEMENT POUR LE COUTEAU !
OOH, CE N'ÉTAIT PAS LA PEINE
... J'ouvre quand même ...
IL EST POUR TON PÈRE !
Trop beau !
AH ... BON, D'ACCORD

IL ME LAISSERA BIEN Y GOÛTER
HU HU HU
POUR TOI ...
J'AI ÇA !
UN GÂTEAU ...
VERT ?
LA CONFITURE DU DESSUS ...
C'EST MOI QUI L'AI PRÉPARÉE !
PFOU
LE RESTE EST DE TON PÈRE ? JE SUIS RASSURÉ
PARDON ?!

JE ME SUIS SERVIE DU COUTEAU QUE TU M'AS OFFERT ...
POUR M'ENTRAÎNER À COUPER DES CONCOMBRES
JE LES AI ENSUITE PRÉPARÉS EN CONFITURE
MERCI POUR TOUT ET ...
J'ACCEPTE AUSSI TA PROPOSITION, SORTONS ENSEMBLE !

ET PUIS ...
JE SUIS DÉSOLÉE D'AVOIR DOUTÉ DE TA SINCÉRITÉ.
VOILÀ ...
Oh ! Un régal !!
Normal, c'est une recette originale de mon père !
Hé hé hé

J'AI FAIT UN PAS VERS MON RÊVE ...
...
TU TE SENS BIEN, ASHITABA ?
JE ... J'AI RESSENTI UN DRÔLE DE TRUC ...
DES BRÛLURES D'ESTOMAC ? TU AS TROP MANGÉ DE CONCOMBRE !
OUI ... MAIS NON !
OU ALORS, C'EST ... LA MALÉDICTION DU CONCOMBRE !
UNE MALÉ-DICTION ?!
Tu en as trop trucidé ...

BIEN ... IL NE RESTE PLUS QU'À PASSER À LA PROCHAINE ÉTAPE ...
?
Une malé-diction ? Non ?
RÉUSSIR L'EXAMEN !!
Ne me fais pas peur ! Je dois encore m'entraîner !
Ha ha ha ha !

Coin apéro - J'♡s - 3

* ENVIRON 1 EURO.

menu.4

MENU 4

J'ai dessiné un *ayu** sur l'image de la page de garde, mais avec le tramage, il s'est transformé en omble.
Personne n'a rien remarqué, mais bon...

Ce chapitre a été prépublié en juin, à l'époque de l'ouverture de la pêche à l'*ayu*. Il a vraiment un parfum de pastèque. J'adore ! Par contre, les œufs d'*ayu* me donnent de l'urticaire... Pardon ? Ça n'intéresse personne ?

* POISSON DE RIVIÈRE JAPONAIS, DÉLICATEMENT PARFUMÉ.

SHH
JE SUIS JOYEUSE, C'EST TOUT !!
NORMAL, NON ?
MON COPAIN EST FILS DE MAÎTRE SUSHI !
Ha ha ha ! D'accord ...
JE VIENS DE FRANCHIR LA PREMIÈRE ÉTAPE VERS MON RÊVE !
HIN HIN HIN HIN HIN HIN HIN HIN
Brrr ...

TU ES DE BONNE HUMEUR, ASHITABA
TU M'ÉTONNES, NORMAL AVEC UN PETIT AMI AUSSI MIGNON
Tiens, les copies
EH ?
"AUSSI MIGNON" ? HYÛGA ? AH BON ?
AUCUNE IMPORTANCE ...
MMH ...
JE CROIS QUE JE VAIS TE LE VOLER
QUOI ?!
PAS QUESTION !!
Ouah !
J'AI ENFIN MIS LE GRAPPIN SUR UN HÉRITIER DE RESTAURANT DE SUSHIS !
VLATCH

GNNN
HA HA HA, C'ÉTAIT UNE BLAGUE, UNE BLAGUE !
TU NE MARCHES PAS, TU COURS !
MH ?
QUOI ?
ZUT, ELLES M'ONT MENÉE EN BATEAU !
JE ... JE LE SAVAIS ...
SHH
LA HONTE !

HA HA HA !
FRR
FRR
PFF ...
QU'EST-CE QUE TU AS ?
NON, RIEN ...

J'♡ les mini-sushis

Cherchez les éléments suivants :

Un hameçon

Kei (personnage inventé par mon frère cadet)

Ils sont dans ce menu 4 !

LE VÉRITABLE EXAMEN VA DÉBUTER !!
Certificat de sécurité alimentaire
Examen pratique - 4e grade
• Quatre-vingts rondelles de concombre en trente secondes
• Pesée de sucre blanc
ANNÉE : 2de CLASSE : 4 NUMÉRO : 22 NOM : HANAYU ASHITAB
C'EST QUOI CETTE FEUILLE ?
ÉCOUTEZ BIEN !
VOUS DÉPOSEREZ UNE RONDELLE DE CONCOMBRE DANS CHAQUE CASE
SI LA FORME N'EST PAS CIRCULAIRE OU SI LE NUMÉRO N'EST PAS VISIBLE PAR TRANSPARENCE, LA RONDELLE NE COMPTE PAS
VOUS AVEZ TOUS UNE COPIE ?
SIMPLE À COMPRENDRE ...
ET SIMPLE À JUGER !
Hum
Hum

EH ! ON A BESOIN DE DEUX FEUILLES POUR LES QUATRE-VINGTS TRANCHES
LES ÉLÈVES DES AUTRES OPTIONS N'EN ONT QU'UNE SEULE
OUAH
AH OUAIS ...
Le lycée professionnel Oikawa propose des options variées : couture, infirmerie, puériculture ...
LES GARÇONS PASSENT EN SALLE DE CUISINE N° 2 POUR LE TEST DE PESÉE ...
TANDIS QUE LES FILLES COMMENCENT PAR LES RONDELLES
PLOF
OUAH ! NOUS DIRECT ?!
BOBOM
HM ...
MALGRÉ MON ENTRAÎNEMENT ...
TAP
TAP
SALLE DE CUISINE 2
BOBOM
BOBOM
JE COMMENCE À STRESS...
MAINTENANT QUE LE MOMENT FATIDIQUE APPROCHE ...
POF

TU VAS VOIR, ASHITABA...
JE TERMINERAI PREMIER !
QUELLE CRÉTINE JE FAIS ! POURQUOI JE ME LAISSE INTIMIDER ?!
J'AI RÉUSSI À HAMEÇONNER LE FILS D'UN MAÎTRE SUSHI, QUI M'A FILÉ DES TUYAUX DE DÉCOUPE.

CE N'EST PAS LE MOMENT DE S'AFFOLER !
JE VAIS LE PULVÉRISER !!
FINI !
POSEZ LES COUTEAUX ...
PFIOUUU
ALIGNEZ LES TRANCHES
C'est plus dur quand elles sont sèches
78, 79 ...
ET 80 !
OUI ! C'EST PASSÉ !
No.2
NUMÉRO : 22

OUAAAH ... J'AI BATTU MON RECORD !
J'AI CARRÊMENT DE LA MARGE
TROISIÈME FEUILLE
JE PEUX Y ARRIVER !
JE PEUX VAINCRE HYÛGA POUR LA PREMIÈRE FOIS !!
Vous allez voir, prof
TEST DE PESÉE
...

GLOUPS...
JE SUIS SURPRISE ... TOUT LE MONDE A DÉPASSÉ LES QUATRE-VINGTS TRANCHES
OOOH
OUAH
NOUS ... NOUS SOMMES TOUS REÇUS ?!
OUI ... VOUS AVEZ ÉGALEMENT RÉUSSI L'EXAMEN ÉCRIT ...
ET IL SUFFISAIT DE QUARANTE TRANCHES DE CONCOMBRE POUR VALIDER CE GRADE
MAIS ... VOUS AVIEZ DIT QU'ON SERAIT RECALÉS EN-DESSOUS DE QUATRE-VINGTS ?!
J'AI MENTI ♡
DAAAH
VOUS IMAGINEZ BIEN QUE JE N'AI PAS LE DROIT DE MODIFIER LE RÈGLEMENT D'UN EXAMEN NATIONAL !
HAAA

QUAND JE PENSE À TOUS CES CONCOMBRES QUE VOUS AVEZ MUTILÉS ...
LES PAUVRES !
AUCUNE FÉLICITATION POUR NOS EFFORTS ?!
BOBOM
EN TOUT CAS, JE DOIS AVOUER QUE J'AI ÉTÉ IMPRESSIONNÉE PAR ...
AH ?!
HYÛGA !
OOOH !!
ONG

UNE FOIS DE PLUS, J'AI ÉCHOUÉ ...
D'où sort ce wok ?
JE NE VOUS DEMANDE PAS D'ATTEINDRE SON NIVEAU ...
MAIS PRENEZ AU MOINS EXEMPLE SUR LUI
BON, C'EST TOUT POUR AUJOURD'HUI
Youpi !
HIN HIN ... QU'EST-CE QUE JE VAIS BIEN POUVOIR INVENTER POUR LA PROCHAINE FOIS ?
2de 4
ET MAIN-TENANT ...
ON VA FÊTER ...
LA FIN DE L'EXAMEN !
OUAIS !

Test réussi
BLA
BLA
ASHITABA !
ALORS, TU TE SENS MIEUX ?
HEIN ? AH ... OUI OUI !
J'AVAIS OUBLIÉ MON STRESS ...
TU VOIS C'ÉTAIT LA MALÉDICTION, J'AVAIS RAISON !!
Tu as tué trop de concombres !
KYAH
HEIN ?!
QU'EST-CE QUE ...
J'ÉTAIS SÛR QUE TOUT S'ARRANGERAIT ...
SITÔT L'EXAMEN TERMINÉ

QUOI ?
HYÛGA ...
Pourtant, si les concombres devaient vraiment maudire quelqu'un, ça serait plutôt moi
À moins qu'ils ne sentent même pas que je les ai tranchés ?
S'INQUIÉTAIT POUR MOI ?
HY...
TU ES UN AS HYÛGA !
EH ...
MÊME LA PROF MATSUZAKA L'A RECONNU
NAN, C'EST RIEN ...
TU ES HYPER FORT !
VAS-Y ! EXPLIQUE COMMENT TU FAIS !
Ouais, ça m'intéresse !
Moi aussi !
BLA
BLA
BLA
EUH ...
C'EST PAS LE FILS D'UN MAÎTRE SUSHI POUR RIEN !

LA FERME !!
SSS...
EUH ...

DÉSOLÉ ... JE DOIS RENTRER
MH ? ATTENDS HYÛGA !
J'Y VAIS ...
TAP
HYÛGA !
HEIN ?
ASHITABA ...
TOI AUSSI, TU ES PARTIE ?
DÉSOLÉ, J'AI CASSÉ L'AMBIANCE ...
BAH, T'INQUIÈTE
MAIS QU'EST-CE QUI T'A PRIS ?!
RIEN. RIEN DU TOUT ...

JE DÉTESTE ...
QU'ON ME LANCE DES FLEURS
FRRR
ÇA M'EMBARRASSE
HEIN ?
QUOI ?
TU N'AIMES PAS QU'ON T'ADMIRE ?
TU AS L'AIR ÉTONNÉE ? TU PENSAIS LE CONTRAIRE ?!
CHOC
BEN OUI ... TU AS TELLEMENT FAIT LE FIER AVEC TON DORAYAKI ET TES TRANCHES DE CONCOMBRE
Aujourd'hui aussi
Je croyais que c'était ...
ton petit plaisir
C'EST ÇA, L'IMAGE QUE TU AS DE MOI ?!
OUI. ET EN PLUS, ÇA ME REND JALOUSE !

EN VÉRITÉ ...
IL N'Y A QU'UNE SEULE PERSONNE QUE JE CHERCHAIS À IMPRESSIONNER ...
TU ... TU VEUX QUE JE TE RACCOM-PAGNE ?
EUH ... OUI
Merci

SI JE COMPRENDS BIEN ...
TU ES VRAIMENT AMOUREUX DE MOI ?
...
MMH !
ÇA SENT BON LA FRAISE PAR ICI
AH
LÀ !
DES SERRES DE CULTURE REMPLIES DE FRAISIERS
IL Y EN A AUSSI À CÔTÉ DE CHEZ MOI
Un des avantages de la campagne ...
QUAND J'ÉTAIS AU COLLÈGE, TOUT LE MONDE PIQUAIT DES FRAISES
Les profs passaient leur temps à nous enguirlander
Le pire, c'est que moi, j'étais super sage
JE COMPRENDS ... COMMENT RÉSISTER À CE DOUX PARFUM ?
ON DIRAIT DE LA COMPOTE
Irrésistible !

O.K.
TOUT VA BIEN, TOUT VA BIEN
TOUT VA BIEN ?
MAIS ... QU'EST-CE QUI "VA BIEN" ?
AU FAIT ...
TU POURRAIS ME DONNER LA RECETTE DE TA CONFITURE DE L'AUTRE JOUR ?
TU AS AIMÉ ?
OUI !
C'ÉTAIT SUPER BON
ET PUIS ...
C'EST UN DE NOS PREMIERS SOUVENIRS EN COMMUN
J'AIMERAIS BIEN POUVOIR EN REFAIRE

...
ASHITABA ?!
TU TE SENS MAL ?!
ARRÊTE !
ARRÊTE D'ÊTRE AUSSI GENTIL AVEC UNE FILLE COMME MOI !
Y A QUELQU'UN ?
ALORS QUE MOI ...

"MON COPAIN EST FILS DE MAÎTRE SUSHI" ♡
JE NE M'INTÉRESSE QU'À TON TITRE ...

Coin apéro - J'♡s - 4

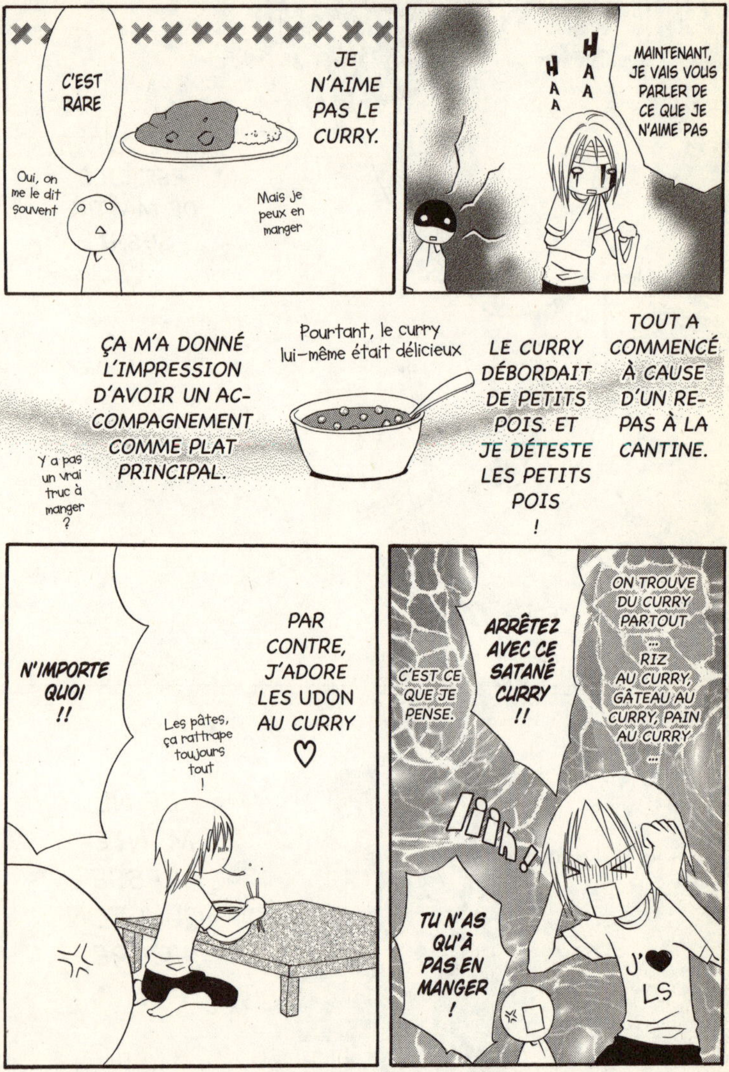

menu.5

MENU 5

La saison des pluies a commencé, et... il pleut !

Au passage, le filet en arrière-plan de l'image au-dessus est fait en radis blanc ! Pardon ? Je ne sais plus comment meubler ?

J'ai bien essayé de trouver un sujet plus passionnant, mais... rien ne m'est venu à l'esprit...

J'AI BESOIN DE SON TITRE ...
RIEN DE PLUS !
JE DIRAIS ...
BIEN FAIT !
...
COMMENT ÇA, "BIEN FAIT" ?!
TU SORS AVEC LUI PAR PUR CALCUL ...
NORMAL QUE TU CULPABILISES UN PEU, NON ?

À VRAI DIRE ...
...
JE CULPABILISE DÈS QU'IL SE MONTRE GENTIL À MON ÉGARD.
COMME QUOI, TU N'ES PAS INSENSIBLE, MAIS SIMPLEMENT ÉGOÏSTE
HI HI ♡
GGH ...
OUIIIN ! SALETÉ !!
AH ? TU VEUX TE BATTRE ?
GNN

KYAAAAH!
BLATCH
REVIENS DANS CENT ANS !
Ha ha ha ...
JE SUIS LENTE ...
À LA DÉTENTE
HANA ...

CLAC
ASHITABA !
ZAN
Oh
ÇA VA ?! TU AS DISPARU COMME UNE FUSÉE HIER !
EUH ...
JE ...
BEN ...

* TERMES DE JUDO SIGNIFIANT "PROJECTION" ET "BRISE-CHUTE".

MAIS ...
J'AI PERDU MES MOYENS
HYÛGA ME FIXAIT ...
AVEC UNE TELLE INTENSITÉ !
TU AS ... DEUX OPTIONS

SOIT TU ES PRÊTE À TOUT POUR DEVENIR MAÎTRE SUSHI, AUQUEL CAS TU TE DÉBROUILLERAS POUR ÉPOUSER HYÛGA ...
SOIT TU OUBLIES TON RÊVE, ET TA CULPABILITÉ PAR LA MÊME OCCASION, EN RENONÇANT À LUI
RÊVE ...
OU CULPABILITÉ ?

QUE CHOISIR ?
ELLE NE VEUT PAS ME FAIRE DE PEINE, MAIS ...
ÉVIDEMMENT, LE MIEUX À FAIRE SERAIT DE LE QUITTER.
SI JE DÉCIDE DE CONTINUER C'EST QUE JE SUIS UN MONSTRE
Un monstre d'égoïsme

SPLASH
SPLASH
DES CARPES !!
ELLES SONT TROP APPÉTISSANTES, HA HA HA !
OUI ...
QUI DIT CARPE, DIT ...
Mini-cooking par Hanayu
ARAI !
Prendre une carpe vivante ...
Et l'assommer juste avant de la préparer
Lever trois filets et couper en biseau
Très belle couleur
Laver à l'eau tiède puis plonger dans de l'eau glaciale pour raffermir
ARAI DE CARPE
accompagné de gingembre émincé
et de sauce miso vinaigrée parfumée
au poivre du Japon (sanshô)
RIEN QUE D'Y PENSER, JE SALIVE ...
Oooh ... un délice

OUAH, TU AS VU COMME ELLES SONT MIGNONNES ? ♡
SI JE ME SOUVIENS BIEN, LES CARPES COLORÉES NE SONT PAS TERRIBLES QUESTION SAVEUR
Les noires sont meilleures
EN AJOUTANT UNE KOIKOKU*, J'ATTEINS LA PERFECTION
* En termes simples : soupe miso à la carpe
"MIGNONNES" ? ALORS QUE MOI J'AI TOUT DE SUITE PENSÉ "CUISINE" ...
AVEC LE POISSON, C'EST À CHAQUE FOIS PAREIL
HEUM
C'EST CLAIR, JE N'AI QUE ÇA ...

NON, PAS QUESTION ... DE RENONCER !
GNN...
JE VEUX RÉALISER MON RÊVE !
SI J'ÉTAIS RÉELLEMENT UN DÉMON, JE NE SOUF-FRIRAIS PAS AUTANT, SI ?
ASHITABA !
...

COUCOU
ASHITABA
HELLO, HANAYU !
BONNE JOURNÉE ? ♡
JE SUIS EN PLEINE DÉGUSTATION DE NOUVEAUTÉS
CELLES QUI PLAISENT À TA MÈRE SE TRANSFORMENT SOUVENT EN SUCCÈS, ELLE A LE PALAIS TRÈS SÛR !
TU ES DOUÉ, TOUT SIMPLEMENT ♡
VOUS VOUS ENTENDEZ TOUJOURS AUSSI BIEN ...
Le bonheur des autres l'agace ...

VOUS DEVIEZ DÉJÀ ÊTRE FOUS AMOUREUX AVANT DE VOUS MARIER ...
ILS N'ONT JAMAIS ...
CONNU MES TOURMENTS.
C'ÉTAIT UN MARIAGE ARRANGÉ
On ne te l'avait jamais dit ?
Ouaip
QUOI ?!
JE ... JE NE SAVAIS PAS.
Faut dire, je m'en fichais un peu
VOUS AVEZ EU UN COUP DE FOUDRE À LA PREMIÈRE RENCONTRE ?
Pour être amoureux comme ça ...
J'♡ les mini-sushis
ARAI de carpe
Bien entendu, je ne parle pas de M. Arai, des Carp*.
On s'en doute !
Je vous jure !
Tu vas arrêter, oui ?!
* JOUEUR DE BASE-BALL DE L'ÉQUIPE DES HIROSHIMA CARP.

HUM ... DE MON CÔTÉ OUI, MAIS ...
MOI, PAS DU TOUT !
DAAAM
ALORS POURQUOI AS-TU ACCEPTÉ DE L'ÉPOUSER ?
PARCE QU'IL ÉTAIT PÂTISSIER ♡
DFFF
J'adore la pâtisserie ☆ !
Telle mère, telle fille
OUTCH
RAAAH !
JE SUIS COMME MAMAN !!

TU... TU... TU ... TU AS ACCEPTÉ ÇA ?!
UNE FEMME SANS CŒUR ?
Eh ! Tu parles de ta propre mère, je te signale !
J'ÉTAIS AMOUREUX. ET SURTOUT ...
L'AVOIR À MES CÔTÉS CHAQUE JOUR SUFFISAIT À MON BONHEUR

AUJOUR-D'HUI ...
NOTRE AMOUR EST RÉCIPROQUE, ALORS ...
LE PASSÉ N'A PLUS D'IMPORTANCE
JE SUIS UNE IDIOTE.
COMME C'EST TOUCHANT ...
"LE MIEUX À FAIRE SERAIT DE LE QUITTER" ...
...
UNE FOIS ENCORE, JE N'AI PENSÉ QU'À MOI ...

EN VÉRITÉ ...
JE NE DOIS PAS FUIR !
JE DOIS L'AIMER DU MIEUX QUE JE PEUX ...
PUISQUE LUI M'AIME TELLE QUE JE SUIS !
BONJOUR, HYÛGA !

S S S S S...
AH !
VLAF
CLONG !
IL EST FÂCHÉ ?!
IL A RAISON. JE ME SUIS MAL COM-PORTÉE...

Mh
?
JE
M'EXCUSE
!!
HEIN
?!
zaah

* OMELETTE AU BOUILLON-DE-POISSON.

ET MOI ...
JE DÉBARQUE AVEC MES GROS SABOTS ... TRIPLE CRÉTIN !!
PFF !
TU AS POUFFÉ ?
NON, JE NE POUFFE JAMAIS !
Arrête
Ne me fais pas rougir
JE N'ÉTAIS PAS FÂCHÉE
TIENS, JE T'AI APPORTÉ LA RECETTE !
Hop

EH ?
MERCI ...
Oh ... Du yuzu*
Hum
AAH ...
OH ?
LÀ, TU ES CARRÉMENT MORTE DE RIRE !!
EH !!
TU SAIS HYÛGA ...
TU ES TRÈS RIGOLO PARFOIS
DÉSORMAIS JE VAIS ME CONCENTER POUR TE VOIR COMME ...

* CÉDRAT.

"HAYATO HYÛGA" ET NON ...
?
"L'HÉRITIER D'UN RESTAURANT DE SUSHIS".

Coin apéro - J'♡s - 5

* AKATA TRANSMETTRA LES LETTRES À AYUMI KOMURA. RÉDIGEZ-LES DE PRÉFÉRENCE EN JAPONAIS OU EN ANGLAIS.

menu.6

MENU 6

Juste avant de dessiner la page de garde de ce chapitre, j'ai vu des lucioles. J'ai donc choisi de l'illustrer avec une chasse aux lucioles.

À part ça, je trouve les requins marteaux hyper cool !

J'en ai pris plein en photo, à Hawaii.

Comme j'ai dessiné un examen, j'ai ressorti de vieilles copies, pour voir... 48/100. C'est nul...

PETIT SOUCI ...
COMMENT FAIRE ...
POUR TOMBER AMOUREUSE DE LUI ?
ALLEZ SOIS SYMPA, FILE-MOI UN COUP DE MAIN !
TU TE DÉBROUILLES !!
DAH
OUILLE
MERCI, TROP AIMABLE !
Directe, comme toujours ...
À BIEN Y RÉFLÉCHIR ...
JE N'AI JAMAIS PENSÉ À AUTRE CHOSE QUE DEVENIR MAÎTRE SUSHI ...
TENTATIVE AVORTÉE DE CONFIDENCES
À l'époque du collège...
Mon genre préféré ? Le requin marteau !
...
Je parlais de garçons ...
ENCYCLOPÉDIE DES POISSONS

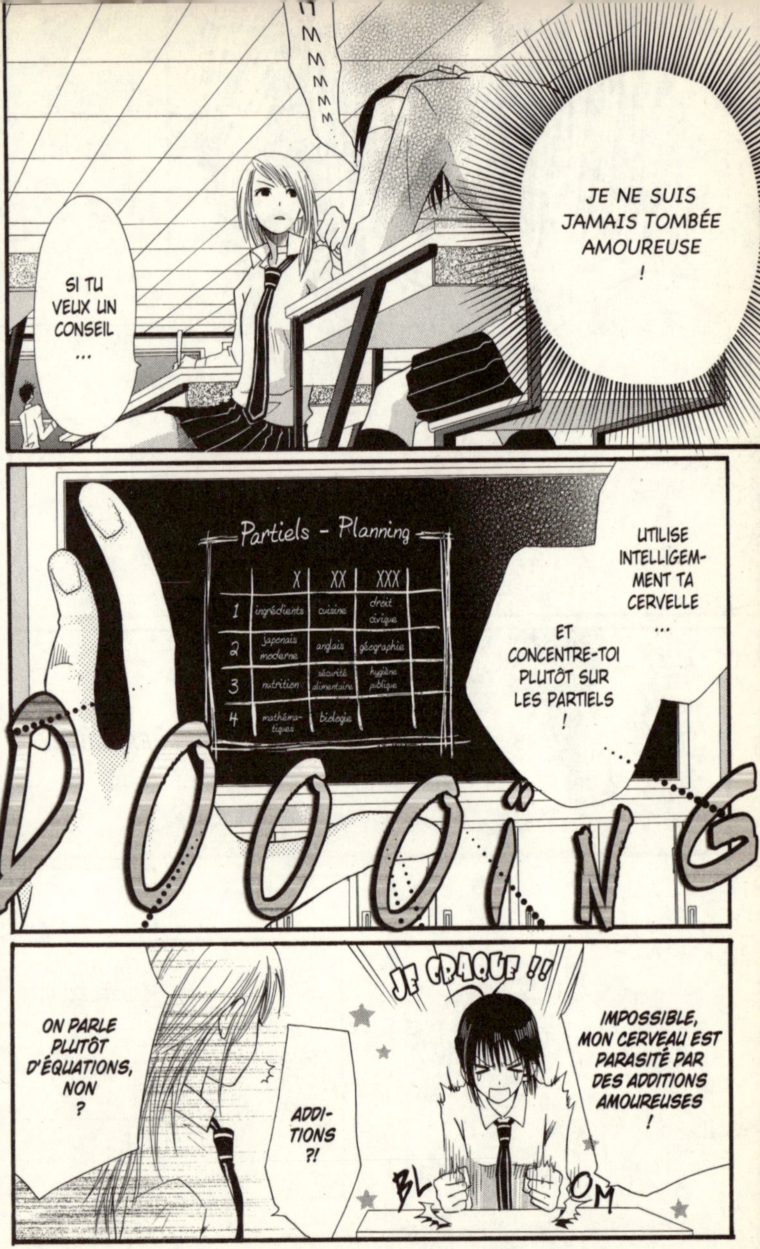
MMMMM...
JE NE SUIS JAMAIS TOMBÉE AMOUREUSE !
SI TU VEUX UN CONSEIL ...
UTILISE INTELLIGEMMENT TA CERVELLE ...
ET CONCENTRE-TOI PLUTÔT SUR LES PARTIELS !
Partiels - Planning
X XX XXX
1 ingrédients cuisine droit civique
2 japonais moderne anglais géographie
3 nutrition sécurité alimentaire hygiène publique
4 mathématiques biologie
DOOOÏNG
JE CRAQUE !!
IMPOSSIBLE, MON CERVEAU EST PARASITÉ PAR DES ADDITIONS AMOUREUSES !
BLOM
ADDITIONS ?!
ON PARLE PLUTÔT D'ÉQUATIONS, NON ?

* MÉLANGE DE SEPT ÉPICES.

* GRILLADE DE BŒUF À LA CORÉENNE.

HYÛGA ... TU AS DE L'INTUITION POUR LES SUJETS D'EXAM ?
NON, J'AIME SIMPLEMENT L'OREILLE ET LE *KALBI*
GROSSE COURGE !!
HA HA HA !
COMMENT FAIRE POUR TOMBER AMOUREUSE DE LUI ?
DÉCIDÉMENT, ÇA NE VA PAS.

J'♡ les mini-sushis
Cahier de Hayato
Bœuf
Porc
Kalbi : question obligatoire !
L'oreille, sûr !
Aucune question dessus !!
Bœuf
Porc
Kalbi : question obligatoire !
L'oreille, sûr !
Ça serait trop facile...

CHAQUE FOIS QUE JE PENSE "HYÛGA", DES SUSHIS FONT LA RONDE DANS MA TÊTE !
NORMAL, C'EST AUSSI LE NOM DE SON RESTAURANT
ZOUD
En fait, c'est un kaiten zushi* ?
* SUSHIS SERVIS SUR UN TAPIS ROULANT.
ÇA NE MARCHERA JAMAIS, SI JE CONTINUE COMME ÇA !!
JE DOIS RÉAGIR VITE !!
EH ... ÉCOUTE, HYÛGA
MH ?
JE ...
C'EST UN PEU SOUDAIN, MAIS ...
ÇA TE GÊNE SI JE T'APPELLE ...

HAYATO ?
!
ALORS ?
ÇA T'EMBÊTE ?
NON ...
PAS DU TOUT ...
PFIOU ! BIEN JOUÉ !
PFIOU
ET MOI, JE PEUX T'APPELER HANAYU ?
BIEN SÛR !

HA HA !
C'EST AMUSANT ...
JE ME DISAIS JUSTEMENT QUE J'AIMERAIS BIEN T'APPELER PAR TON PRÉNOM
Vous croyez vraiment que c'est le moment de roucouler ?!
OUPS !
Y A DE L'ANI-MOSITÉ DANS L'AIR

Gnn
LE PARTIEL VA COMMENCER
BON COURAGE !
Zah
MERCI ! TOI AUSSI !
FLÛTE, JE RECOMMENCE À CULPABILISER ...
L'APPELER PAR SON PRÉNOM, CE N'EST PAS SUFFISANT
EN FAIT ...
Tiens ? J'ai le cœur qui palpite ?

"ÊTRE AMOUREUSE", ÇA VEUT DIRE QUOI ?!
L'HORREUR ! JE NE SAIS MÊME PAS ! BRR ....
BRR
BRR
JE SUIS VRAIMENT DÉBILE !
J'EN AI MARRE !
EL INGRÉDIENTS
OM
HANAYU ASHITABA
58
OTS ET REMPLIR LES CASES A – J

C'EST CONFIRMÉ, JE SUIS DÉBILE ...
Dire que j'ai fait la maligne ...
58
CINQUANTE-HUIT POINTS ?
GNNN
ALORS, HANA ?
PAS DE SOUCI !
JE NE PEUX PAS LUI AVOUER !
VLAF
DE TOUTE FAÇON, J'AI PLUS QUE LES CINQUANTE POINTS FATIDIQUES.
AH, J'AI OUBLIÉ DE VOUS DIRE ...

DANS VOS OPTIONS, LA MOYENNE EST PLACÉE À SOIXANTE POINTS
HEIN ?!
QUE ...
QUE ...
QUE ...
Il y en a pas mal de concernés apparemment
NORMAL !
VOUS ÊTES QUAND MÊME DE FUTURS CUISINIERS !
C'est un minimum
SÉRIEUX ?!
DEUX RÉPONSES ... IL ME MANQUE DEUX BONNES RÉPONSES !
ELLE NE LAISSERA JAMAIS PASSER ÇA ...
GRR
ON NE PEUT PAS IMAGINER PIRE SCÉNARIO

NAN ?! TOI AUSSI TU ES DU CÔTÉ OBSCUR ?!
HA ... HA HA
COMBIEN TU AS EU ?
Moi, cinquante-huit !
SI ... ON PEUT IMAGINER PIRE SCÉNARIO.
GGHHH
T'as pas l'impression d'en faire un peu trop ?!
EDIENTS
59

HA HA HA ! ADMIREZ, LE "COUPLIDIOT" !
Quel fin jeu de mots !
ON T'A PAS SONNÉE, ICHII !
87
VOIS LE BON CÔTÉ DES CHOSES, VOUS PASSEREZ L'EXAMEN DE RATTRAPAGE ENSEMBLE ...
AVEC UN PEU DE CHANCE, TU FINIRAS PAR TOMBER NATURELLEMENT AMOUREUSE DE LUI
EXAMEN DE RATTRAPAGE ...
DOOOOH
EH OH, TU M'ÉCOUTES ?
CONCERNANT CE FAMEUX RATTRAPAGE ...
Brr brr

JE N'AI PAS ENVIE DE VOUS IMPOSER UN AUTRE ÉCRIT ...
JE VAIS OPTER POUR DES TRAVAUX PRATIQUES
TRAVAUX PRATIQUES ?
OUI. THÉORI-QUEMENT, C'EST UN PEU PRÉMATURÉ DE VOUS DEMANDER ÇA, MAIS ...
VOUS DEVREZ ME PRÉPARER UNE GÉNOISE
OH ? VOUS NOTEREZ EN FONCTION DU LEVER DE LA PÂTE ? UN POINT PAR CENTIMÈTRE ?
12 cm
12 points
BONNE IDÉE, MAIS ...
Pitiééé !!
JE NE SUIS PAS SÛRE QUE TES CAMARADES SOIENT D'AC-CORD

VOUS SEREZ NOTÉS UNIQUEMENT SUR LA DÉCORATION !
Decorated cake
JE VEUX UNE PRÉSENTATION ORIGINALE, À PARTIR D'UN THÈME TOUT SIMPLE !
BIEN ENTENDU, TOUT LE MONDE FERA CET EXERCICE. MAIS JE ME FOCALISERAI SUR CEUX QUI ONT EU MOINS DE SOIXANTE
SEULEMENT LA DÉCORATION ?
BIZARRE ... JE TROUVE ÇA UN PEU TROP FACILE. SURTOUT VENANT DE SA PART
LE THÈME IMPOSÉ SERA ...
MON ANNIVERSAIRE ♡
VU ?

VOUS ME FEREZ UNE ESQUISSE DU GÂTEAU POUR VENDREDI !
LINO !♪
TOUT S'EXPLIQUE !!
ÇA AURAIT PU ÊTRE PIRE
LES T.P., C'EST QUAND MÊME PLUS MARRANT QUE L'ÉCRIT
POUR TOI, C'EST GAGNÉ D'AVANCE, NON ?
...
UNE ESQUISSE ...

Vendredi
HELLO HANAYU !
TU AS FAIT TON DESSIN ?
C'est le jour du rendu !
EUH ... OUI, PLUS OU MOINS ...
MONTRE, MONTRE !

HEUM ...
SOBRE ET DE BON GOÛT ...
BÔM !
ÇA VA, PAS LA PEINE DE FAIRE SEMBLANT !
JE N'AI ...
AUCUN TALENT POUR LE DESSIN.
EST-CE QU'EN FAIT, JE SERAIS NULLE DANS PLEIN DE DOMAINES ?
FIIIXE
ARRÊTE DE LE FIXER !
DÉSOLÉ, IL A L'AIR TELLEMENT BON ...
HEIN ?!
SI ON OUBLIE LE DESSIN ...
OUBLIER LE DESSIN ?
ET QU'ON FAIT UN GROS EFFORT D'IMAGINATION, ON DEVINE SA QUALITÉ
UN GROS EFFORT D'IMAGI-NATION ?!

TU L'AS DÉJÀ EN TÊTE, C'EST ÇA ?
POF
!
JE T'ENVIE
HA HA HA ! TU AS TOUT COMPRIS, HAYATO !
HAHAHA
UN PEU DE MODESTIE, S'IL TE PLAÎT ...
COMMENT ?
COMMENT FAIT-IL ...
POUR ME REMONTER LE MORAL AUSSI FACILEMENT ?
TU TRICHES ...

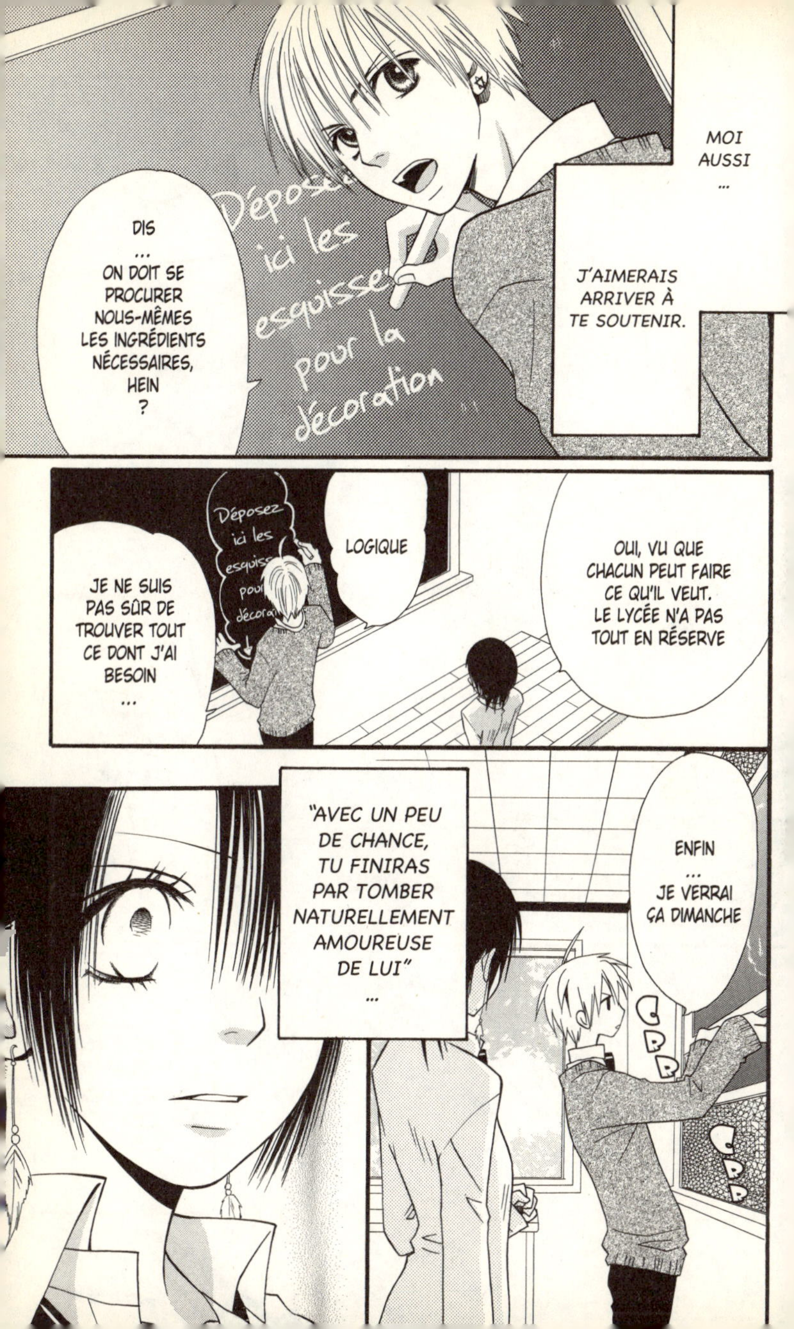
MOI AUSSI ...
J'AIMERAIS ARRIVER À TE SOUTENIR.
Déposez ici les esquisses pour la décoration
DIS ... ON DOIT SE PROCURER NOUS-MÊMES LES INGRÉDIENTS NÉCESSAIRES, HEIN ?
OUI, VU QUE CHACUN PEUT FAIRE CE QU'IL VEUT. LE LYCÉE N'A PAS TOUT EN RÉSERVE
LOGIQUE
Déposez ici les esquisses pour la décoration
JE NE SUIS PAS SÛR DE TROUVER TOUT CE DONT J'AI BESOIN ...
ENFIN ... JE VERRAI ÇA DIMANCHE
CRR
CRR
"AVEC UN PEU DE CHANCE, TU FINIRAS PAR TOMBER NATURELLEMENT AMOUREUSE DE LUI" ...

JE T'ACCOMPAGNE !
OUI, C'EST LA MEILLEURE SOLUTION !
JE DOIS TOUT SIMPLEMENT APPRENDRE À LE CONNAÎTRE.
EUH ...
D'ACCORD ...
SI TU VEUX

SÉRIEUX ?!
OUI, PAR CONTRE ...
J'Y METS UNE CONDITION
!
UNE CONDITION ?!

Coin apéro - J'♡s - 6

ÉGALEMENT...

MON RÉDACTEUR, QUI ME FOURNIT QUANTITÉ DE DOCUMENTS.
MES AMIS, QUI M'ENVOIENT DES CADEAUX OU DES MAILS.
MES COLLÈGUES MANGAKA : ENSEMBLE, ON PLAISANTE, ON S'ENCOURAGE ET ON RACONTE PLEIN DE BÊTISES !
MA FAMILLE.
ET PLUS QUE TOUT...
LES LECTEURS !!

JE VOUS REMERCIE SINCÈREMENT DE LIRE MON MANGA !!
MERCI DE VEILLER SUR CETTE SÉRIE ET MA PETITE PERSONNE !

menu.7

ECHNIQUES DE DÉCORATION
RÉUSSIR LES PLUS
BEAUX GÂTEAUX DU MON

MENU 7

Petit commentaire dessiné dans la marge d'un magazine. Je suis allée prendre des photos au bord d'une rivière et j'ai vu un trionyx*. Il était énorme !
Je me demande encore comment j'ai fait pour le repérer directement...

* VARIÉTÉ DE TORTUE À CARAPACE MOLLE, POSSÉDANT UNE SORTE DE GROIN TUBULAIRE. LE TRIONYX EST UN METS TRÈS APPRÉCIÉ EN ASIE.

FAIS-TOI MIGNONNE !
Jupe obligatoire !
VOILÀ ...
Je ne m'attendais pas à ça
CELA DIT, ÇA NE ME POSE PAS DE PROBLÈME
MAIS ...
QUE VEUT-IL RÉCUPÉRER ...
AU BORD D'UNE RIVIÈRE ?
En fait, je ne me sens pas aussi à l'aise que ça
...

* EN V.O., JEU DE MOT ENTRE *KAWA* (RIVIÈRE) ET *KAWAI* (MIGNON).

ARCHI-MIGNONNE !!
OUAH
C'EST VRAI ? ÇA TE PLAÎT ? JE N'AI PAS TROP L'HABITUDE ...
SUPER GRAVE EXCITANT !
MAIS ... POURQUOI JE DOIS PORTER ÇA ?
Excitant ?
EN PLUS, JE CROYAIS QU'ON DEVAIT RÉCUPÉRER DES INGRÉDIENTS POUR DÉCORER UN GÂTEAU. IL N'Y A QUE DES POISSONS DANS L'EAU
Arrête, c'est pas classe
AUJOURD'HUI ...
NOUS ALLONS CHASSER !

CHASSER ?!
LES POISSONS, C'EST BIEN CE QUE JE DISAIS !
MAIS NON
Les poissons, ça se pêche
C'est pareil !
Non, c'est pas pareil
Tiens, mon esquisse
FRAMBOISES ET GROSEILLES
AH BON ?
OUAH, IL EST SUPER DOUÉ !
GÂTEAU RIME FORCÉMENT AVEC FRUITS ROUGES !
NON, AVEC CHOCOLAT !
J'AI DIT, FRUITS ROUGES !

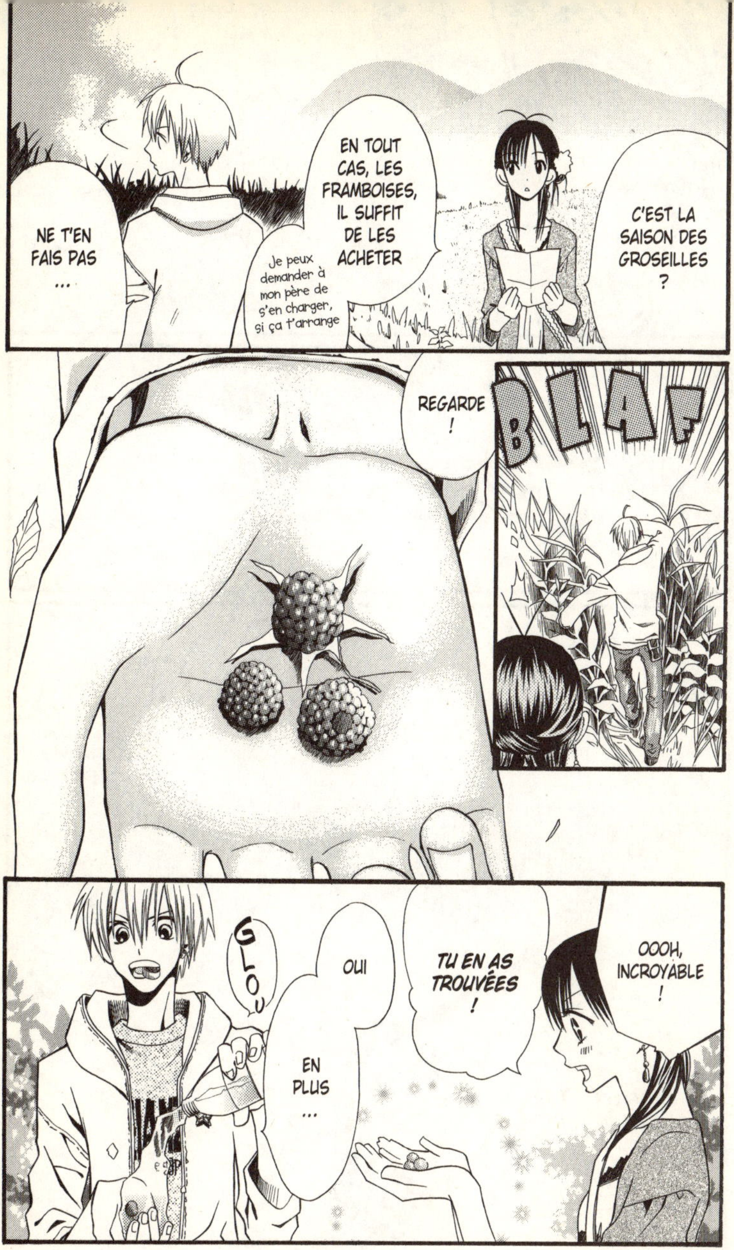

C'EST LA SAISON DES GROSEILLES ?
EN TOUT CAS, LES FRAMBOISES, IL SUFFIT DE LES ACHETER
Je peux demander à mon père de s'en charger, si ça t'arrange
NE T'EN FAIS PAS ...
BLAF
REGARDE !
OOOH, INCROYABLE !
TU EN AS TROUVÉES !
OUI
EN PLUS ...
GLOU

MIOM
GOÛTE !
HM
DÉLICIEUX !
LE GOÛT N'A RIEN À VOIR AVEC CELLES DU COMMERCE !
N'EST-CE PAS ?
C'EST UN EXAMEN DE RATTRAPAGE, MAIS J'AI QUAND MÊME ENVIE ...
DE ME FAIRE PLAISIR !
SANS OUBLIER QU'IL FAUT INTÉGRER L'ASPECT "ANNIVERSAIRE"

TOI AUSSI TU AS FAIT TON ESQUISSE EN PENSANT À LA PROF, PAS VRAI ?
NE M'EN PARLE PAS !
NOOOON
HUM ...
IL A MÊME COMPRIS ÇA.
IL EST TRÈS FORT !
Voilà ! C'est ce goût !
IL RÉFLÉCHIT À TOUT QUAND IL S'AGIT DE RECETTE (HORS EXAMEN).
ÇA ME VEXE DE L'ADMETTRE, MAIS IL FERA UN SUPER CUISINIER !
Oui ...
ALLEZ ! IL NOUS EN FAUT PLEIN POUR QUE TON GÂTEAU SOIT PARFAIT !
JE VAIS T'AIDER À LES CUEILLIR !

FRR
FRR
PAS QUESTION !
MH ?
Par contre, tu peux tenir le panier
JE T'INTERDIS DE RÉCOLTER QUOI QUE CE SOIT
BEUUUH ...
Pour quelle raison ?
JE REFUSE QUE TU SALISSES D'AUSSI JOLIS VÊTEMENTS !
FLAP
FLAP
EN PLUS, TU NE PEUX PAS ALLER DANS LES BUISSONS AVEC CES CHAUSSURES
AH ...

PAR CONTRE, JE VEUX BIEN QUE TU REPÈRES LES BONS COINS !
ET MAIN-TENANT ...
HÉ HÉ HÉ !
À MOI LES JOIES DE LA CUEILLETTE !
EH !!
J'Y CROIS PAS ?!
QUEL CRÉTIN !
LÀ-BAS !
LÀ-BAS !
ALORS QUE L'AMBIANCE ÉTAIT SI BONNE !
LÀ-BAAAS !!
OUAH ! SACRÉ COUP D'ŒIL HANAYU
POUR QUI TU M'PRENDS ? J'SUIS UNE FILLE DE LA CAMPAGNE, MOI !

BONJOUR ! VOUS CUEILLEZ DES FRAMBOISES ?
COUPLE DE RANDONNEURS
Comme c'est adorable
OH, BONJOUR !!
Des clones ?
Ah non, il y a une dame
JE ME TAPE LA HONTE, TOUTE SEULE ICI.
IL S'EN FICHE COMPLÈTEMENT
Encore une !
OH !
CRAC
MISE AU POINT
UNE MERVEILLE ! ON DIRAIT UN BIJOU !
JE ... JE PEUX QUAND MÊME EN PRENDRE UNE ...
DOUCEMENT...
BOMOM
BOMOM

POF
JE M'EN CHARGE
VLAF VLAF
TORTIONNAIRE ! IL NE ME LAISSE RIEN !
Voyons...
VLAP
MH ?

J'♡ les mini-sushis
Si on appuie ici, je meurs !!
Un bouton d'autodestruction ?
AAAAAH
GGNNN

CRAAC
BLAF
OUAAH !
BRR
SSS...
AAAAH !!
HA... HAYA... HAYATO ?!
NOON ?!
IL A DIS-PARU ?!
HAYA ...
C'EST PAS VRAI ...
POURVU QU'IL NE LUI SOIT RIEN ARRIVÉ !

KYAAH ?!
EUH ...
JE ...
QU'EST-CE QUE ...
RAAAH, J'AI EU LA FROUSSE
Le sol s'est dérobé sous mes pieds
C'EST MOI QUI AI EU PEUR !!

JE T'AI SURPRISE À BONDIR SI SOUDAI-NEMENT ?
ADMETS QUAND MÊME QUE J'AI UNE SUPER DÉTENTE !
Désolé
NON ... C'EST PAS ÇA ...
EH ?
TU AS PLEIN DE BLESSURES !
CES BUISSONS SONT DAN-GEREUX !
"JE T'INTERDIS DE RÉCOLTER QUOI QUE CE SOIT"

...
DÉ...
DÉSOLÉE
...

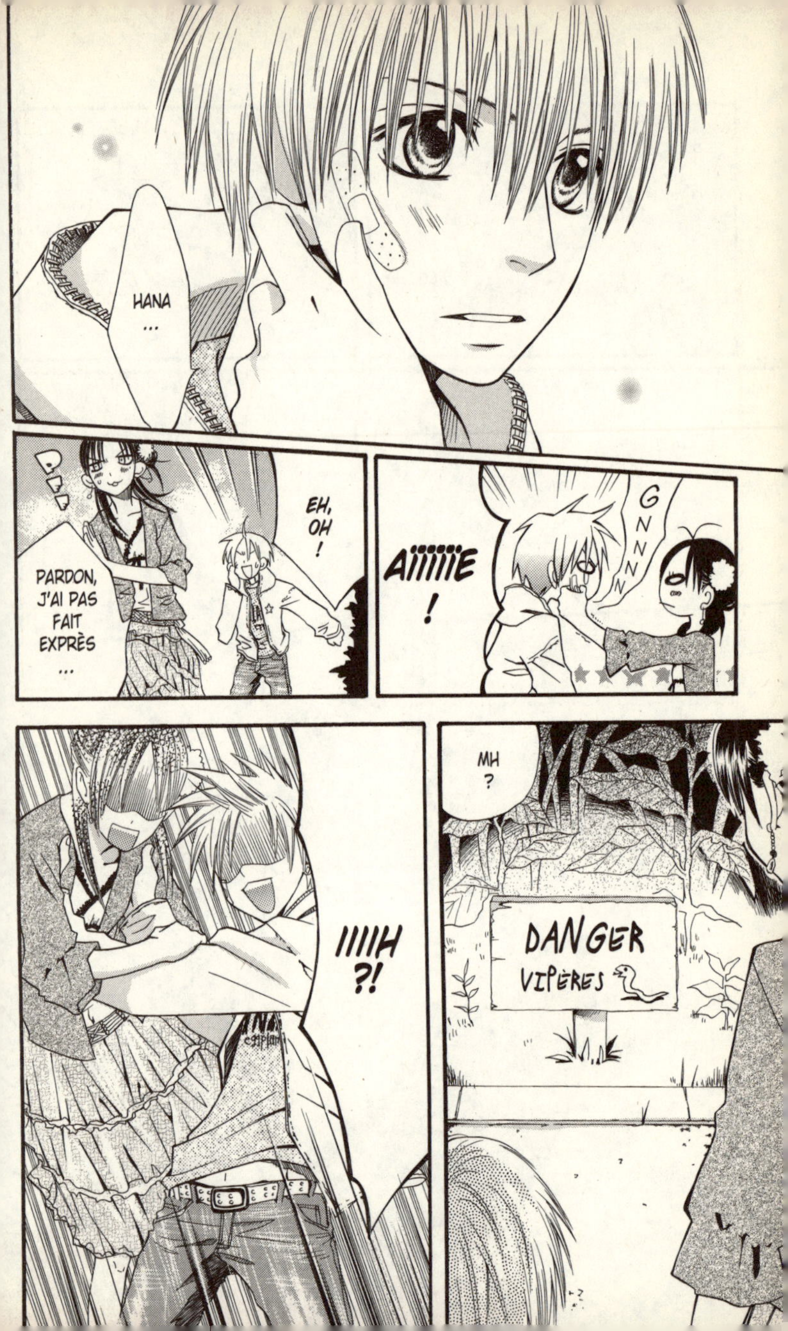
HANA ...
GNNNN
AÏÏÏÏE !
EH, OH !
PARDON, J'AI PAS FAIT EXPRÈS ...
MH ?
DANGER
VIPÈRES
IIIIH ?!

OUI ...
PLUS DE DOUTE ...
HAYATO EST QUELQU'UN DE TRÈS AT-TENTIONNÉ.
Oh, c'est dangereux, hypra dan-gereux
Il fallait me prévenir plus tôt !
...
ON Y VA ?

JE N'AURAI PAS DU TOUT BESOIN DE ME FORCER ...
O.K.
POUR TOMBER AMOUREUSE !

AU FAIT ...
JE DEVRAIS PEUT-ÊTRE LUI AVOUER ...
QUE JE VEUX DEVENIR MAÎTRE SUSHI ?
JE N'AI PLUS ENVIE ...
DE LUI FAIRE DES CACHOTTERIES
Je ne sors plus avec lui par calcul
TAP
TAP
PAR CONTRE, IL FAUT TROUVER ...
LE BON TIMING ...

DIS, HANA ...
OUAH ?!
EH ?
PAR... PARDON. OUI, QUOI ?
OUPS, J'AI LÂCHÉ SA MAIN
TU AS VU, LA RIVIÈRE EST SPLENDIDE
OUAH, C'EST VRAI !
DES POISSONS ! PLEIN DE POISSONS !
TAP TAP
Ne glisse pas
SÉRIEUX ?! TU LES VOIS ?!
Où ça ?
J'AIMERAIS BIEN LES PÊCHER, COMME ÇA ... SPLATCH !
IMPOSSIBLE ! TU N'ES PAS UNE OURSE !!
BLATCH
PFF ... J'AI QUAND MÊME UNE BONNE POIGNE
HA HA HA. TU ES TROP DRÔLE !
PAF

TU N'AS VRAIMENT AUCUN PROBLÈME AVEC LE POISSON ...
PARDON ?
EN GÉNÉRAL, LES FILLES N'AIMENT PAS LE CONTACT DE LEURS ÉCAILLES HUMIDES
JE TROUVE UN PEU INATTENDU ...
D'EN VOIR UNE ADORER ÇA
HANA ?
TOI AUSSI ?
TOI AUSSI TU PENSES QU'UNE FEMME NE DOIT PAS ...
LEVER DES FILETS OU PRÉPARER DES SUSHIS ? QUE C'EST UN TRAVAIL RÉSERVÉ AUX HOMMES ?
FAIS-MOI CONFIANCE ...
POUR DÉMOLIR CES PRÉJUGÉS !
J'AI POURTANT L'HABITUDE ...
D'ENTENDRE CE GENRE DE CHOSES ...

TOI AUSSI ...
TU TROUVES ÇA BIZARRE ?!
... ALORS ... POURQUOI EST-CE QUE JE ME SENS SI TRISTE ...
QUAND C'EST HAYATO QUI ME LES DIT ?
SI JE TE RÉPONDAIS ...
"OUI, C'EST BIZARRE" ...
...

TU N'AURAIS PLUS DE RAISON ...
DE SORTIR AVEC MOI ?
!
HEIN ?!
IL AURAIT TOUT COMPRIS ?!
Fin (du volume 1)

* MATSUZAKA : VILLE CONNUE POUR SES BŒUFS DE QUALITÉ SUPÉRIEURE.
** *RARE* ("SAIGNANT" EN ANGLAIS) PRONONCÉ À LA JAPONAISE.

ILS AVAIENT QUOI DANS LA TÊTE, SES PARENTS ?!
SLURP
STOP !! JE COMPRENDS CE QUE TU RESSENS, MAIS ON N'A PAS LA PLACE POUR PARLER DE ÇA. REVENONS À NOS MOUTONS !
SLURP
SON PRÉNOM NE NOUS AVANCE PAS À GRAND-CHOSE. IMPOSSIBLE DE DEVINER SON SEXE
ON FAIT QUOI, ALORS ?
SLURP
SLURP
LE PLUS SIMPLE, C'EST D'Y ALLER FRANCO
AH, TU CROIS ?
PROFESSEUR MATSUZAKA, VOUS ÊTES UN HOMME OU UNE FEMME ?
HM ?!
ÇA NE SE VOIT PAS ?!
GOH

* JEUNES ARTISTES TRÈS MÉDIATISÉS, MAIS ÉPHÉMÈRES, SOUS CONTRAT POUR UNE DURÉE TRÈS LIMITÉE (QUELQUES MOIS EN GÉNÉRAL).

CLÉ DE COMPRÉHENSION

1. Les couteaux de cuisine (p. 78)

Yanagiba: couteau en forme de feuille de saule, utilisé pour la préparation des sushis et sashimis.

Deba: couteau de cuisine utilisé pour lever les filets de poissons.

Maguro bôchô: couteau à thon.

Sai-giri: couteau à légumes.

Usuba: couteau à lame fine et à bout plat, principalement employé pour couper les légumes.

Takohiki: couteau pour sashimis.

Sunagi saki: couteau à anguille. Il peut prendre des formes différentes selon les régions.

Honesuki: couteau à désosser.

Sujihiki: couteau à émincer.

Sobakiri: couteau à *soba* (nouilles de sarrasin).

Atama otoshi: couteau à couper la tête de gibier. Couteau de chasse occidental.

Sushigiri bôchô: couteau à trancher les makis.

Kawahagi: couteau à écorcher. Couteau de chasse occidental.

CATALOGUE MANGA

AKATA

CHEZ LE MÊME ÉDITEUR

DELCOURT

COURAGE NAKO !

Nako Yoshino, élève de seconde extravertie, interrompt le mariage arrangé de Haruki Hayami afin que sa sœur et lui puissent vivre leur amour. Mais ce que ne savait pas Nako, c'est que ce mariage engageait des intérêts financiers et économiques. Suite à la fuite d'Haruki, la famille Hayami se retrouve en faillite. Pour arranger les choses, les parents de Nako acceptent alors d'héberger le petit frère rebelle de Haruki, Konatsu. Un seul problème : Konatsu et Nako ne se supportent pas !
Quand un fils de bonne famille doit apprendre à vivre avec une famille nombreuse assez modeste, la cohabitation s'annonce pour le moins houleuse !

***Courage Nako !* de Aya Nakahara**
Série complète en 3 volumes ; 192 pages n&b.

PUZZLE

Imaginez une jeune fille se sentant coupable de la mort d'un de ses amis, et un garçon qui n'arrive pas à oublier ce terrible accident survenu quand il n'était qu'un enfant. Ils ne se connaissent pas encore, mais pourtant... À travers le regard de leur entourage, et à différentes époques de leurs vies, découvrez dans ce *shôjo* manga construit comme un véritable puzzle, les destins entremêlés de ces jeunes en quête d'identité.

***Puzzle* de Ryô Ikuemi**

Série en cours ; 192 pages n&b.

SIMPLE COMME L'AMOUR

Soyo Migita habite dans un petit village de campagne dont l'école ne compte pas plus de six élèves. En seconde année de collège, elle est l'aînée d'entre eux. Un jour, le joyeux quotidien de ce groupe d'enfants est perturbé par l'annonce de l'arrivée d'un nouvel élève ! Au début les choses se passent mal : Hiromi Ôsawa, le nouveau au franc-parler venu de Tokyo, est un garçon prétentieux à la critique facile et que rien ne semble satisfaire. Pourtant, un étrange sentiment commence à naître chez Soyo... Des baisers volés et une expédition mémorable en bord de mer vont alors tout changer...

***Simple comme l'amour* de Fusako Kuramochi**
Série complète en 14 volumes ; de 192 à 256 pages n&b.

STYLÉE ou DÉBRAILLÉE ?
Êtes-vous une
SWITCH GIRL!!
NATSUMI AIDA
OFF ON
9 volumes déjà disponibles en librairie
DELCOURT
WWW.EDITIONS-DELCOURT.FR
AKATA
akata.fr
SWITCH GIRL!! © 2006 by Natsumi Aida / SHUEISHA Inc.

SWITCH GIRL !!

La vie n'est pas facile pour Nika, car comment être une lycéenne charismatique et adulée, quand on a plutôt tendance à se sentir à l'aise en jogging et culotte trouée et à laisser ses poils pousser là où ils veulent ?! Simple : mener une double vie, alterner le mode « *on* » super cool en public et le mode « *off* » du laisser-aller en privé. Malheureusement, Arata, un nouvel élève plein de mystères, a découvert son secret ! Mais Arata aussi a des choses à cacher, entre autres le fait qu'il est très mignon sous ses lunettes. Arata et Nika concluent donc un pacte... *Switch Girl!!* est un excellent *shôjo* humoristique : succès et fous rires garantis !

SWITCH GIRL !! **de Natsumi Aida**
Série en cours ; 192 à 224 pages n&b.

Il était une fois
la Cendrillon
des temps modernes...
LOLLIPOP
RICACO IKETANI
LOLLIPOP
RICACO IKETANI
EDITIONS DELCOURT
Le nouveau joyau de Cookie*
SÉRIE COMPLÈTE EN 7 VOLUMES
DISPONIBLE EN LIBRAIRIE
DELCOURT
WWW.EDITIONS-DELCOURT.FR
AKATA
akata.fr
*magazine de prépublication édité par Shueisha
TRAIT POUR TRAIT BITO LOLLIPOP © 2006 by Ricaco Iketani / SHUEISHA Inc.

LOLLIPOP

Ce manga dans la plus pure tradition *shôjo*, raconte l'histoire de Madoka, une lycéenne comme les autres, aux parents un peu ringards. Or, un jour, ces derniers gagnent cent millions de yens à la loterie et partent reprendre leurs études dans leur campagne natale pour devenir médecin. La jeune lycéenne doit alors vivre chez Mme Asagi, une femme froide et distante qui l'installe dans la cabane du jardin. Pour ne rien arranger, le fils de la famille, encore collégien mais amoureux, lui rend visite en secret...
Entre lycée, amour et petits boulots, Madoka devra trouver un nouvel équilibre !

***Lollipop* de Ricaco Iketani**
Série complète en 7 volumes ; 192 pages n&b.

Amour, Amitié, Trahison...
Deux nouvelles nanas arrivent en France...
Êtes-vous
COMME ELLES
SAKURA FUJISUE
COMME ELLES 13
ANOKO TO ISSHO © 2003 by Sakura Fujisue / SHUEISHA Inc.
COMME ELLES Tome 13
par Sakura Fujisue
DELCOURT
WWW.EDITIONS-DELCOURT.FR
AKATA
akata.fr
SÉRIE COMPLÈTE EN 13 VOLUMES DISPONIBLE EN LIBRAIRIE

COMME ELLES

Une relation complexe et tumultueuse lie Kanori et Kazumi, deux lycéennes que tout oppose. Les deux adolescentes sympathisent dès le premier jour de rentrée, et acceptent de participer à une soirée de rencontres filles/garçons organisée par une de leurs connaissances. Kanori y croise le sympathique Kôta, mais la jeune fille reste méfiante. Kazumi, en revanche, cède très vite aux avances d'Ena. Les relations amoureuses des deux lycéennes ne vont pas tarder à influencer leur amitié… d'abord pour le pire.

***Comme elles* de Sakura Fujisue**
Série complète en 13 volumes ; 192 à 224 pages n&b.

NI
NANA
mobile book
AI YAZAWA
DELCOURT
DES PAGES COULEURS,
DES INTERVIEWS ET
DES INFORMATIONS
INÉDITES
SUR LA SÉRIE
PRÉFÉRÉE
DES FILLES.

NANA

Nana. Un même prénom pour deux jeunes filles aux caractères si différents et pourtant liées par une amitié quasi fusionnelle. Leur vie en colocation touche à sa fin et chacune semble prendre un chemin qui l'éloigne de l'autre… Nana Ôsaki part habiter avec Ren, son premier amour. Elle met toute son énergie dans son groupe Blast dont les débuts professionnels tardent. Quant à Nana Komatsu, elle tombe enceinte de Takumi, ce qui n'était pas prévu. Mais est-ce que chacune suit vraiment les voies qui mèneront au bonheur ?

***Nana* d'Ai Yazawa**

Série en cours ; 192 à 288 pages n&b et couleur.
3 coffrets disponibles.

JE NE SUIS PAS UN ANGE

C'est la rentrée au lycée Hijiri. Midori Saejima, que ses camarades ont affectueusement surnommé "l'ange Saejima", a été inscrite d'office à l'élection du comité des élèves par ses amis. Mais le jour où elle doit prononcer son discours de campagne, elle trébuche et s'étale sur la scène, dévoilant sa petite culotte à toute l'assemblée. Heureusement, Akira, le garçon dont elle est secrètement amoureuse, détourne l'attention avec des blagues et la sauve d'une humiliation certaine. Bien décidée à retourner cette triste histoire à son avantage, Midori décide de faire campagne en affichant dans l'école un dessin humoristique : "l'ange Saejima en petite culotte" !

***Je ne suis pas un ange* d'Ai Yazawa**
Série complète en 4 volumes ; 432 pages n&b et couleur.

GOKINJO

Mikako et Tsutomu sont amis d'enfance, ils habitent le même immeuble, fréquentent le même lycée d'art : l'Académie Yazawa. Mikako rêve d'ouvrir sa propre chaîne de boutiques de vêtements ! Quand, un soir, Tsutomu rentre chez lui accompagné par une fille, le cœur de Mikako vacille... Quel est ce sentiment qu'elle ressent ? Malgré les sous-entendus de sa copine Risa, Mikako ne comprend pas. Voici une histoire touchante et drôle qui décrit les relations troublantes qui existent parfois entre des adolescents, quand amour et amitié se confondent.

Gokinjo, une vie de quartier **d'Ai Yazawa**

Série complète en 7 volumes ; 192 à 224 pages n&b.

LAST QUARTER

Mizuki, lycéenne, tombe sous le charme d'Adam, un étrange musicien anglais, et décide de tout quitter pour le suivre. Malheureusement, la nuit de leur fuite, elle est victime d'un accident de voiture. Le même soir, la petite Hotaru est hospitalisée après avoir été renversée elle aussi. Les deux filles se rencontrent en rêve... puis dans la réalité. Mais Hotaru est bel et bien guérie et sortie de l'hôpital, alors que Mizuki a complètement perdu la mémoire (elle ne se souvient que d'Adam) et est enfermée dans la maison où elle a vécu une semaine avec Adam, sans pouvoir en sortir. Commence alors pour Hotaru et ses camarades d'école une grande enquête...

***Last Quarter* d'Ai Yazawa**

Série complète en 3 volumes; 192 pages n&b.
1 coffret disponible.

LOVELY COMPLEX

Un style résolument branché, des personnages hauts en couleur, un parfait dosage de sentiments et d'humour : *Lovely Complex* a tout pour devenir le prochain *shôjo* incontournable ! Risa, une grande perche, et Atsushi, haut comme trois pommes, sont les comiques involontaires du lycée à cause de leurs disputes légendaires. Tous deux complexés par leur taille, ils ont peur de ne jamais trouver l'amour... Et en font forcément des tonnes pour faire oublier leur mal-être ! Amour, rires et complexes : voilà le point de départ du *shôjo* le plus enthousiasmant du moment !

***Lovely Complex* d'Aya Nakahara**
Série complète en 17 volumes ; 192 pages n&b.

EFFLEURER LE CIEL

Ery Ogawa est une lycéenne comme les autres, du moins en apparence. La jeune fille dissimule en effet son passé d'enfant prodige du patinage artistique. Sa passion, depuis longtemps éteinte, renaît lorsqu'elle surprend dans un parc un homme mystérieux en pleine démonstration sportive. Intriguée, Ery le suit jusqu'au club de patinage où il exerce son métier d'entraîneur. Motivée par le charme du très secret M. Kobayashi, Ery décide de se remettre au patinage.

***Effleurer le ciel* de Mari Okazaki**

One-shot ; 224 pages n&b.

SHIBUYA LOVE HOTEL

Au cœur de Shibuya, célèbre arrondissement de Tokyo bouillonnant de vie, se trouve le quartier de Maruyama-cho, où s'alignent sans complexe les *love hotels*, ces établissements spécialement conçus pour accueillir les couples d'amoureux.

Quatre jeunes filles vont venir se perdre à Shibuya, les unes espérant rencontrer l'amour, les autres panser leurs blessures… À travers le prisme de sentiments amoureux, Mari Okazaki porte sur le Japon contemporain un regard juste et original, et dépeint sa jeunesse, tiraillée entre idéal et réalité, avec élégance et tendresse.

***Shibuya Love Hotel* de Mari Okazaki**

Série en cours ; 224 pages n&b.

SING "YESTERDAY" FOR ME

Le décor est celui d'une petite supérette ouverte jour et nuit, à Tokyo. C'est là que travaille Rikuo Uozumi, un jeune homme tout juste sorti de l'université. Sans grande ambition, il n'a rien trouvé, ou plutôt rien cherché à faire de mieux depuis qu'il a arrêté ses études. Le retour d'un ancien amour d'étudiant et l'arrivée tonitruante d'une jeune fille excentrique parviendront-ils à le faire sortir de sa léthargie ? Dans ce petit théâtre de quartier, c'est l'éternelle comédie des sentiments qui se joue...

***Sing "Yesterday" For Me* de Kei Toume**
Série en cours ; 224 à 256 pages n&b.

UNE SACRÉE MAMIE

Lors de l'année 22 de l'ère Showa (1926-1989), alors qu'il vit à Hiroshima avec sa mère et son frère, le jeune Akihiro est confié du jour au lendemain à sa grand-mère qui habite la petite ville de Saiga. Tout d'abord triste de quitter sa famille et un peu effrayé de vivre seul avec une vieille femme à la campagne, Akihiro doit néanmoins apprendre à s'adapter et à aimer sa nouvelle existence, beaucoup plus modeste certes, mais non moins remplie de bonheur.
Une histoire drôle et touchante sur le retour aux sources et les valeurs familiales.

Une sacrée mamie
de Yoshichi Shimada et Saburo Ishikawa
Série en 11 volumes ; 224 pages n&b.

First published in Japan in 2005 by SHUEISHA Inc., Tokyo.
French translation rights in France, French-speaking Belgium, Luxembourg, Switzerland and Canada arranged by SHUEISHA Inc through VIZ Media Europe, SARL, France.

Supervision éditoriale : Akata

Dépôt légal : septembre 2010. I.S.B.N. : 978-2-7560-2173-7
Première édition

Traduction : Tamako Kageyama
Adaptation : Olivier Vachey
Adaptation graphique : Karen Bellanger
Conception graphique : Trait pour Trait

Imprimé et relié en août 2010
par CPI Aubin Imprimeur, à Ligugé.

www.akata.fr
www.editions-delcourt.fr